BREVE HISTÓRIA DO FEMINISMO

Carla Cristina Garcia

BREVE HISTÓRIA DO FEMINISMO

Editora Claridade

São Paulo - 3ª edição - 2015

3ª edição - 2015

Editora Claridade Ltda.
Av. Dom Pedro I, 840
01552-000 – São Paulo – SP
Fone/fax: (11) 2168-9961
E-mail: claridade@claridade.com.br
Site: www.claridade.com.br

Coordenação: Marco Haurélio
Revisão: Wilson Ryoji Imoto
Capa: Viviane Santos sobre pintura *A Coign of Vantage*
(1895 – Sir Lawrence Alma-Tadema)
Editoração eletrônica: Eduardo Seiji Seki

Dados para catalogação

Garcia, Carla Cristina
Breve história do feminismo – São Paulo : Claridade, 2015.
120 p. : il. -(Saber de tudo)

Inclui bibliografia
ISBN-978-85-88386-63-1

1. Sociologia : mulheres como grupo social. 2. Movimentos feministas. I. Autora. II. Título. III. Série.
CDD: 305.4

Índice sistemático para catalogação
027 – Bibliotecas gerais
027.8 – Bibliotecas escolares

Em conformidade com a nova ortografia.

Dedico este livro a Leuda, minha mãe,
que me ensinou o amor pelas histórias,
e a Norma de Abreu Telles,
que me ensinou (e continua me ensinando)
a importância de contá-las.

Agradecimentos

Com profundo afeto e gratidão quero mencionar as mulheres da minha família: Debora, Rosemeire, Nilda, Luz, Benedita, Carla Bianca, Maria José, Giulia, Glorinha, Zizi, Zeide, Nena, Lourdes, Anita, que entendem do ofício de ser mulher e sabem que a distância não significa ausência.

Sumário

Introdução: O que é o feminismo?

Nós, que nos dedicamos a estudar a vida das mulheres, necessitamos e queremos basear nossa autoridade em uma linha de pensamento feminina. Reivindicamos uma genealogia de mulheres pensadoras que nunca se interrompeu, mas que foi escamoteada sistematicamente pelo patriarcado e que a universidade com seu androcentrismo continua escondendo ou condenando à excepcionalidade ou à marginalidade, o que vem a ser mais ou menos a mesma coisa.

Fina Birulés

Estamos vivendo um fato muito curioso na sociedade contemporânea: políticos, pesquisadores, organizações públicas e privadas afirmam que estão introduzindo a perspectiva de "gênero" em seus trabalhos, pesquisas e nas relações de trabalho. Praticamente ninguém nega que é necessário o enfoque de "gênero" no desenvolvimento de políticas públicas. Entretanto muitas dessas mesmas pessoas torcem o nariz quando a palavra feminismo é mencionada. Por que isso acontece? Por que a palavra "gênero" parece menos perigosa do que feminismo?

A resposta mais óbvia é porque desconhecem o que é o feminismo e todas as suas realizações, mas talvez a mais realista seja a de que essas pessoas foram "desinformadas", pois o feminismo ao longo de sua história foi alvo de campanhas que fizeram com que a população de modo geral acreditasse que o feminismo era um inimigo a combater e não que segundo a época e a realidade de cada país existiram e coexistiram muitos tipos de feminismo com um nexo comum: lutar pelo reconhecimento de direitos e oportunidades para as mulheres e, com isso, pela igualdade de todos os seres humanos.

É preciso ressaltar que, ao longo da história da sociedade ocidental, muitos discursos de legitimação da desigualdade entre homens e mulheres foram produzidos. A mitologia e as religiões são bons exemplos. Na Grécia Clássica e na tradição judaico-cristã, Pandora e Eva respectivamente desempenham o mesmo papel: o de demonstrar que a curiosidade feminina é a causa das desgraças humanas e da expulsão dos homens do Paraíso.

A ciência e a filosofia ocidentais também têm funcionado com o legitimadores da desigualdade e continuam, em maior ou menor medida, cumprindo essa tarefa.

O ocultamento do trabalho feminista foi tão intenso e eficaz que temos consciência de que este livro logo precisará ser atualizado e isso não apenas porque novas tendências irão aparecer, mas porque o trabalho das feministas dos últimos anos tem produzido material suficiente para rastrearmos a história escondida e silenciada e recuperarmos os textos e as contribuições das feministas que acrescentarão nomes, ações e textos até hoje desconhecidos.

Por esta razão, é preciso mostrar que feminismo tem uma longa história como movimento social emancipatório. Este é um discurso capaz de impugnar, criticar, desestabilizar e mudar essa relação injusta por conta de sua força crítica.

O termo *feminismo* foi primeiro empregado nos Estados Unidos por volta de 1911, quando escritores, homens e mulheres, começaram a usá-lo no lugar das expressões utilizadas no século XIX tais como *movimento das mulheres* e *problemas das mulheres*, para descrever *um novo movimento na longa história das lutas pelos direitos e liberdades das mulheres.* Esse novo feminismo visava ir além do sufrágio e de campanhas pela moral e pureza social buscando uma determinação intelectual, política e sexual. O objetivo das feministas americanas era um equilíbrio entre as necessidades de amor e de realização, individual e política, o que parecia algo muito difícil de conseguir.

Em um sentido amplo, pode-se afirmar que sempre que as mulheres – individual ou coletivamente – criticaram o destino injusto e muitas vezes amargo que o patriarcado lhes impôs e reivindicaram seus direitos por uma vida mais justa estamos diante de uma ação feminista. Porém, neste livro, aborda-se o feminismo de maneira mais específica: trataremos os diferentes momentos históricos em que as mulheres articularam, tanto na teoria quanto na prática, um conjunto coerente de reivindicações e se organizaram para consegui-las.

Desse modo, o feminismo pode ser definido como a tomada de consciência das mulheres como coletivo humano, da opressão, dominação e exploração de que foram e são objeto por parte do coletivo de homens no seio do patriarcado sob suas diferentes fases históricas, que as move em busca da liberdade de seu sexo e de todas as transformações da sociedade que sejam necessárias para este fim. Partindo desse princípio, o feminismo se articula como filosofia política e, ao mesmo tempo, como movimento social.

Como veremos, não existe apenas um tipo de feminismo, mas vários, pois são muitas as correntes de pensamento que o compõem, isto porque uma das características que diferencia o feminismo de outras correntes de pensamento político é que está constituído pelo fazer e pensar de milhares de mulheres pelo mundo todo.

Além de ser uma teoria política e uma prática social o feminismo é muito mais. O discurso, a reflexão e a prática feminista carregam também uma ética e uma forma de estar no mundo. A tomada de consciência feminista transforma – inevitavelmente – a vida de cada uma das mulheres que dela se aproximam, pois a consciência da discriminação supõe uma postura diferente diante dos fatos. Supõe dar-se conta das mentiras – pequenas ou grandes – em que a história, a cultura, a economia, os grandes projetos, os pequenos detalhes do cotidiano estão alicerçados. Supõe enxergar os micromachismos, as pequenas manobras realizadas por muitos homens todos os dias para manter sob seu poder as mulheres e a estafa que supõe manter duplas ou mais jornadas de tarefas. Ser consciente de que estamos infrarrepresentadas na política e ver como a mulher é coisificada dia a dia na publicidade. Supõe saber que segundo a ONU uma em cada três mulheres no mundo já sofreu algum tipo de maus-tratos ou abuso.

Nisso consiste a capacidade emancipadora do feminismo. Ele é como um motor que vai transformando as relações entre homens e mulheres e seu impacto é sentido em todas as áreas do conhecimento. O feminismo é uma consciência crítica que ressalta as tensões e contradições que encerram todos esses discursos que intencionalmente confundem o masculino com o universal.

O feminismo engloba muitas expectativas e muitas vontades operantes. Incide em todas as instâncias e temas relevantes desde as questões sobre os novos processos produtivos até os desafios impostos pelo meio ambiente. Sua importância é de tal calibre que não podemos conhecer todas as suas consequências, cada um de seus efeitos pontuais seja a diminuição na taxa de natalidade, a transformação industrial, a organização do trabalho. O feminismo é uma lanterna que mostra as sombras de todas as grandes ideias gestadas e desenvolvidas sem a participação das mulheres e muitas vezes à custa das mesmas: democracia, desenvolvimento econômico, Estado de Bem-Estar Social, justiça, família, religião. As feministas empunham esta lanterna com orgulho por ser a herança de milhões de mulheres que partindo da submissão forçada – enquanto eram atacadas, ridicularizadas, vilipendiadas – souberam construir uma cultura, uma ética e uma ideologia nova e revolucionária para enriquecer e democratizar o mundo. Esta é a luz que ilumina os quartos escuros da intolerância dos preconceitos e dos abusos.

Por fim, o feminismo é uma lanterna cuja luz é lilás. Ninguém sabe ao certo por que o lilás é a cor do feminismo. Diz-se que esta foi adotada em honra às 129 mulheres que morreram em uma tecelagem norte-americana no dia 8 de março de 1857 quando o dono da fábrica, diante da greve realizada pelas operárias, ateou fogo ao galpão com todas as mulheres presas dentro do prédio. Esta é a versão mais aceita sobre a origem das comemorações do Dia Internacional das Mulheres. Esta história conta que os tecidos em que estavam trabalhando eram dessa cor. Outra, que esta era a cor da fumaça que saía da chaminé que se podia ver a quilômetros de distância. Existem outras versões sobre esta história, mas tanto a cor quanto a data são compartilhados por feministas do mundo todo.[1]

Para analisar, explicar e modificar essas realidades, a teoria feminista desenvolveu quatro conceitos-chave: androcentrismo, patriarcado, sexismo e gênero, intimamente relacionados e que servem como instrumentos de análise para examinar as sociedades atuais, detectar os mecanismos de exclusão, conhecer suas causas e propor soluções para modificar essa realidade.

Androcentrismo

O mundo se define em masculino e ao homem é atribuída a representação da humanidade. Isto é o androcentrismo: considerar o homem como medida de todas as coisas. O androcentrismo distorceu a realidade, deformou a ciência e tem graves consequências na

---

[1] A data foi proposta pela alemã Clara Zetkin, uma das organizadoras da II Conferência Internacional das Mulheres Socialistas, em Copenhague/Dinamarca, em 1910. Nessa reunião ficou estabelecido que o dia 8 de março seria uma data marcada para as grandes manifestações em toda a Europa, em homenagem às operárias da fábrica de Nova York. Mas foi apenas em 1977, quando mais de 1 milhão de mulheres se reuniram nas ruas, que a data passou a ser reconhecida pela ONU como o dia internacional de luta pelos direitos de igualdade das mulheres.

…iana. Enfocar um estudo, uma análise ou pesquisa a p…camente da perspectiva masculina, e utilizar os resultados como validos para todo o resto do mundo, faz com que todo o conhecimento produzido não seja confiável ou, no mínimo, tenha enormes lacunas e confusões. Um bom exemplo de androcentrismo são os meios de comunicação. A visão androcêntrica do mundo decide e seleciona quais fatos, acontecimentos ou personalidades são noticias, quais serão primeira página e a quem ou ao que dedicar tempo e espaço. Essa mesma visão também decide quem o explicará diante dos microfones, quem dará a chave dos acontecimentos. Como os meios de comunicação configuram a visão que a sociedade tem do mundo, perpetuam, em pleno século XXI, a visão androcêntrica. A distorção do androcentrismo e suas consequências também são sentidas em outras áreas como a medicina. Outro exemplo: popularmente sabe-se que os sintomas do infarto são dor e pressão no peito e dor intensa no braço esquerdo. Mas poucas pessoas sabem que esses são os sintomas masculinos. Nas mulheres os sintomas são dor abdominal, náuseas e pressão no pescoço.

Patriarcado

Até que a teoria feminista o redefiniu, se considerava o patriarcado como o governo dos patriarcas, cuja autoridade provinha de sua sabedoria. A partir do século XIX, quando começaram a ser desenvolvidas teorias que explicam a hegemonia masculina, passou-se a utilizar o termo em seu sentido crítico. É o feminismo radical, a partir dos anos 70 do século XX que o utiliza como peça-chave de suas análises. Para este o patriarcado pode ser definido como:

Forma de organização política, econômica, religiosa, social baseada na ideia de autoridade e liderança do homem, no qual se dá o predomínio dos homens sobre as mulheres; do marido sobre as

> *esposas, do pai sobre a mãe, dos velhos sobre os jovens, e da linhagem paterna sobre a materna. O patriarcado surgiu da tomada de poder histórico por parte dos homens que se apropriaram da sexualidade e reprodução das mulheres e seus produtos: os filhos, criando ao mesmo tempo uma ordem simbólica por meio dos mitos e da religião que o perpetuam como única estrutura possível.*[2]

Analisar o patriarcado como um sistema político significou enxergar até onde se estendiam o controle e o domínio sobre as mulheres. Boa parte da riqueza teórica do feminismo procede daí. Ao se dar conta de que o controle patriarcal se estendia também às famílias, às relações sexuais, trabalhistas e outras esferas, as feministas popularizaram a ideia de que *o pessoal é político*. As mulheres se deram conta de que aquilo que pensavam ser problemas individuais eram experiências comuns a todas, fruto de um sistema opressor. Essa consciência foi determinante, por exemplo, para a análise da violência de gênero. Durante séculos as mulheres acreditaram que a culpa pela violência que sofriam era delas. No Brasil, esse sentimento ainda é comum e até que os movimentos feministas conseguissem que esse tema aparecesse nos meios de comunicação, milhares de mulheres pensavam que sofrer maus-tratos era normal.

É importante ressaltar que a existência do patriarcado não quer dizer que as mulheres não tenham nenhum tipo de poder ou direito. Mas as feministas chamam as conquistas políticas das mulheres neste sistema de *vitórias paradoxais*. Um exemplo: nas sociedades ocidentais contemporâneas, as mulheres conseguiram o direito à educação e ao trabalho remunerado, mas a maioria daquelas que trabalham fora de casa, tanto as assalariadas quanto as autônomas, continua encarregada do trabalho doméstico e do cuidado com os

---

[2] REGUANT, Dolores. *La mujer no existe.* Bilbao: Maite Canal, 1996, p. 20. In: Victoria Sau. *Diccionario ideologico feminista*, vol. III. Barcelona: Icaria, 2001.

filhos. É a dupla jornada ou a dupla presença. Mesmo aquelas que conseguem delegar essa tarefa também o fazem sobre outras mulheres mais pobres ou mais velhas: as empregadas domésticas e as avós.

As formas do patriarcado variam. Em um país como a Arábia Saudita, por exemplo, onde as mulheres não possuem nenhum direito fundamental, sua realidade não se parece com a das europeias que, ao menos formalmente, conseguiram seus direitos. Na Europa, o patriarcado utiliza outros instrumentos para manter os estereótipos e os papéis sexuais, a discriminação no mundo do trabalho e a violência de gênero que continuam a existir em números assustadores. Por isso, é habitual encontrar ideias opostas em relação à atual situação das mulheres no mundo. Aqueles que não levam em conta o patriarcado asseguram que as coisas mudaram tremendamente, mas quem o percebe com nitidez afirma que as coisas não mudaram tanto assim: são *os problemas que mudam sem desaparecer*. O objetivo fundamental do feminismo é acabar com o patriarcado como forma de organização política.

Sexismo

O machismo é um discurso da desigualdade. Consiste na discriminação baseada na crença de que os homens são superiores às mulheres. Na prática utiliza-se esse conceito para qualificar atos ou palavras com as quais normalmente de forma ofensiva ou vulgar se demonstra o sexismo subjacente à estrutura social. Desse modo, há situações em que uma expressão, uma piada, uma desqualificação, uma observação são machistas sem que a pessoa que o disse seja sexista. Por isso, um machista não é forçosamente um sexista e vice-versa. Então o que é o sexismo?

O sexismo se define como o conjunto de todos e cada um dos métodos empregados no seio do patriarcado para manter em situação de inferioridade, subordinação e exploração o sexo dominado:

o feminino. O sexismo abarca todos os âmbitos da vida e das relações humanas. Ou seja, não se trata de costumes, piadas ou manifestações do poderio masculino em um momento determinado, mas de uma ideologia que defende a subordinação das mulheres e todos os métodos utilizados para que essa desigualdade se perpetue. Um exemplo é a divisão da educação por sexos, constante na nossa sociedade e que tem oscilado entre ensinar as meninas unicamente a costurar e a rezar até a proibição de ingressarem na universidade ou exercerem certas profissões.

Gênero

Quando falamos de *gênero,* fazemos referência a um conceito construído pelas ciências sociais nas últimas décadas para analisar a construção sócio-histórica das identidades masculina e feminina. A teoria afirma que entre todos os elementos que constituem o sistema de gênero – também denominado "patriarcado" por algumas correntes de pesquisa – existem discursos de legitimação sexual ou ideologia sexual. Esses discursos legitimam a ordem estabelecida, justificam a hierarquização dos homens e do masculino e das mulheres e do feminino em cada sociedade determinada. São sistemas de crenças que especificam o que é característico de um e outro sexo e, a partir daí, determinam os direitos, os espaços, as atividades e as condutas próprias de cada sexo.

O conceito de gênero é a categoria central da teoria feminista. Parte da ideia de que o feminino e o masculino não são fatos naturais ou biológicos, mas sim construções culturais. Por gênero entendem-se todas as normas, obrigações, comportamentos, pensamentos, capacidades e até mesmo o caráter que se exigiu que as mulheres tivessem por serem biologicamente mulheres. Gênero não é sinônimo de sexo. Quando falamos de sexo estamos nos referindo à biologia – as diferenças físicas entre os corpos – e ao falar de gênero, as normas e condutas determinadas para homens e mulheres em função do sexo.

Deve-se acrescentar a essa descrição que as diferenças biológicas homem-mulher são deterministas, são dadas pela natureza, mas como seres culturais, a biologia não determina nossos comportamentos. O propósito principal dos estudos de gênero ou da teoria feminista é o de desmontar o preconceito de que a biologia determina o feminino enquanto o cultural ou humano é uma criação masculina. Foi Robert J. Stoller quem, em 1968, utilizou pela primeira vez o conceito de gênero:

> *Os dicionários assinalam principalmente a conotação biológica da palavra sexo, manifestada por expressões tais como relações sexuais ou o sexo masculino. Segundo este sentido, o vocábulo sexo se referirá nesta obra ao sexo masculino ou feminino e aos componentes biológicos que os distinguem; o adjetivo sexual se relacionará, pois, com a anatomia e a fisiologia. Agora bem, esta definição não abarca certos aspectos essenciais da conduta – a saber, os afetos, os pensamentos e as fantasias – que, mesmo estando ligados aos sexos, não dependem de fatores biológicos. Utilizaremos o termo gênero para designar alguns destes fenômenos psicológicos: assim como cabe falar de sexo feminino e masculino, também se pode aludir à masculinidade e à feminilidade sem fazer referência alguma a anatomia ou a fisiologia. Desse modo, mesmo que o sexo e o gênero se encontrem vinculados entre si de modo inexpugnável na mente popular, este estudo propõe, entre outros fins, confirmar que não existe uma dependência biunívoca e inelutável entre ambas as dimensões (o sexo e o gênero) e que, ao contrário, seu desenvolvimento pode tomar vias independentes.*[3]

[3] STOLLER, Robert. *Sex and gender: On the development of masculinity and feminity*. New York: Vintage Books, 1968, p. VIII e IX.

Depois deste trabalho, as feministas passaram a utilizar o conceito no desenvolvimento de suas teorias:

> *Em virtude das condições sociais em que nos vemos submetidos, o masculino e o feminino constituem, com certeza, duas culturas e dois tipos de vivências radicalmente distintos. O desenvolvimento da identidade genérica depende, no decorrer da infância, da soma de tudo aquilo que os pais, os companheiros e a cultura em geral consideram próprio de cada gênero no que concerne ao temperamento, ao caráter, aos interesses, à posição, aos méritos, aos gestos e às expressões. Cada momento da vida de uma criança implica uma série de pautas sobre como deve pensar ou comportar-se para satisfazer as exigências inerentes ao gênero. Durante a adolescência, se recrudescem os requerimentos de conformismo, desencadeando uma crise que costuma acalmar-se na idade adulta.*[4]

Os estudos de gênero começaram nas universidades norte-americanas na década de 1970 e se espalharam por universidades de todo o mundo incorporados às ciências humanas.

Para as estudiosas do gênero, nenhuma das correntes teóricas (marxismo, funcionalismo, estruturalismo) tinha conseguido dar conta de explicar a opressão das mulheres. Nesse sentido, uma das consequências mais significativas que esses estudos provocaram foi uma crise de paradigmas: quando as mulheres apareceram nas ciências sociais, sejam como objeto de investigação ou como pesquisadoras, colocaram em xeque todas as teorias estabelecidas. Questionavam a validade das pesquisas, a suposta neutralidade dos termos, das teorias e as pretensões de universalidade de seus modelos. A introdução dos estudos de gênero supôs uma redefinição de todos os grandes temas das ciências sociais.

[4] MILLETT, Kate. *Política sexual.* Madrid: Cátedra, 1995, p. 80.

Mas a construção de tal conceito também gerou discussões e conflitos entre as teóricas feministas. Começando pelo problema central. O conceito de gênero se constituiu como via de acesso dos estudos sobre mulheres na universidade. Desse modo o termo parece indicar seriedade e rigor, e como críticas francesas afirmaram se tornou uma espécie de folha de parreira, que oculta muito mais do que mostra, como uma caixa de costureira onde cabe quase tudo.

De qualquer modo, como afirma Scott o termo gênero passou a indicar a qualidade fundamentalmente social das distinções baseadas no sexo e a ressaltar todos os aspectos relacionais das definições normativas da feminilidade. Assim, o uso do termo parecia situar quem o utilizava em um dos lados do debate que com frequência se travava nas diversas controvérsias dos discursos feministas dos últimos anos e que se pode sintetizar de forma esquemática com a pergunta: Deve-se entender o feminino em termos de construção social ou há que se falar de uma essência feminina definida biológica ou filosoficamente?

Laurents propõe interrogar-se acerca das relações mantidas por mulheres reais enquanto agentes históricos com o conceito normativo de mulher, produto do discurso hegemônico. Ou seja, antes de tentar dar a resposta à pergunta "O que é uma mulher?", deve-se deixá-las falar para que nos digam quem são ou quem eram. E isso não só porque às mulheres foram impostos o silêncio e a exclusão, mas também porque a construção do gênero é ao mesmo tempo resultado de um processo de representação e de autorrepresentação.

Teóricas do conceito de gênero foram as encarregadas de descrever um território novo que alterou radicalmente as teorias antropológicas androcêntricas da discussão sobre a realidade e a experiência; essas teóricas forçaram o reconhecimento da diferença que marcam o gênero e o reconhecimento da política sexual como princípio fundamental do patriarcado.

Sem dúvida, desde meados dos anos 1980, o novo sujeito "generado" (ou seja, permeado pelo conceito de gênero) também se manifestou muitas vezes como uma ficção unitária, que encobria, ao não considerar, outras dimensões da construção da identidade individual e social.

Se nos anos 1970 as feministas haviam reagido contra a razão patriarcal, agora as primeiras a denunciar que o gênero havia se convertido em uma nova totalização excludente foram as marginalizadas dos relatos feministas: as mulheres negras e as lésbicas que encontravam sua história e sua cultura ignorada. O termo "mulher" usado no discurso feminista dos anos 70 com frequência se referia a experiência das mulheres ocidentais, brancas, burguesas e heterossexuais como se fosse uma totalidade, ao que Spillers denominou uma "metonímia mortal" que relegava ao silêncio a experiência individual e coletiva de muitas mulheres.

O feminismo dos anos 70 acreditava que se podia definir uma categoria chamada "mulher" e que as elas compartilhavam certas experiências e perspectivas trans-históricas e transculturais e as práticas discursivas nos textos literários ou nas análises críticas procediam diretamente dessas experiências.

Se por um lado a crítica feminista dessa época foi determinante na hora de desmascarar a razão patriarcal ao denunciar que as pretensões de neutralidade e objetividade se faziam à custa das mulheres e contra elas mantendo como pilar do sistema patriarcal a sua exclusão da esfera da razão transcendente, por outro manteve alguns supostos essencialistas sobre a natureza dos seres humanos e as condições da vida social utilizando conceitos e teorias como se fossem ferramentas permanentes e invariáveis, que as conduziram a compartilhar algumas noções essencialistas e a-históricas das metanarrativas.

A investigação feminista recente parte da noção de que a sexualidade humana é uma construção social em que se entrecruzam estruturas econômicas, sociais e políticas do mundo material. A sexualidade não é um fato natural como sugerem as teorias essencialistas; ainda que esteja materialmente no corpo, o funcionamento fisiológico do mesmo não determina a configuração ou o significado da sexualidade de uma forma direta e simples.

A ciência e o senso comum que pretendem dar a entender que os usos culturais e sexuais dominantes são resultado da biologia e que portanto são intrínsecos, eternos e imutáveis não são senão expressões ideológicas que assinalam as relações de poder dominantes. Identidades profundamente sentidas, tais como feminina/masculina ou hetero/homossexual, não são privadas nem produto exclusivo da biologia, mas se criam no espaço de encontro e tensão de forças políticas, sociais e econômicas e variam com o tempo.

A partir do entendimento desses conceitos, dividiremos esta breve história do feminismo em quatro grandes blocos: o feminismo pré-moderno: em que podemos encontrar as primeiras manifestações da *polêmica feminista*; o feminismo moderno ou **a primeira onda:** que começa com a obra de Poulain de la Barre e o movimento de mulheres da Revolução Francesa que ressurge com toda a força nos grandes movimentos sociais do século XIX chamado também de **segunda onda** e o feminismo contemporâneo – **ou a terceira onda** – que abarca o movimento dos anos 60 e 70 e as novas tendências que nasceram no final dos anos 80.[5]

[5] Pela riqueza de sua história, o desenvolvimento do movimento feminista no Brasil não caberia em apenas um capítulo e por essa razão ele não é aqui mencionado.

1

O feminismo nas origens do mundo moderno

O feminismo pré-moderno

Até o Renascimento a ideia que imperava era a de uma profunda desigualdade tanto das capacidades intelectuais e cognitivas entre homens e mulheres quanto da função dos dois sexos em relação aos papéis sociais.

As novas pautas, introduzidas no século XVI, a partir do humanismo propugnado, por exemplo, por Erasmo de Roterdã, não romperam totalmente com toda a misoginia herdada. No Renascimento ouviam-se os ecos medievalistas que consideravam a mulher um ser inferior. Bispos e teólogos defenderam que a mulher é "naturalmente" inferior ao homem, destinada a obedecer-lhe e, por isso, não podia exercer funções de poder, como o sacerdócio. Questionado se o escravo liberto poderia ser sacerdote, São Tomás de Aquino respondeu que sim, pois o escravo é *"socialmente inferior"*, enquanto a mulher é *"naturalmente inferior"*.[6]

Deve-se considerar que apesar de o Renascimento trazer um novo paradigma sobre o humano, o da autonomia, esta não se estendia às mulheres. Entretanto, o culto renascentista ao gênio e à

---

[6] TOMMASI, Wanda. *Filósofos y mujeres. La diferencia sexual en la historia de la filosofía.* Madrid: Narcea, 2002.

inteligência teve consequências para elas. A importância dada à educação gerou numerosos tratados pedagógicos e abriu o debate sobre a natureza e os deveres dos sexos. A esse intenso debate que durou muitos séculos dá-se o nome de *Querelle de femmes.*

Para algumas autoras as características da *querelle* podem ser vistas como a célula mater do feminismo especialmente por seu desenvolvimento de uma teoria no sentido original do termo uma vez que os três elementos básicos desse pensamento são a oposição dialética à misoginia; o embasamento dessa oposição na ideia de "gênero", tal como a entendemos hoje em dia e a possibilidade de universalizar a questão e transcender o sistema de valores de seu tempo, apresentando uma autêntica concepção geral da humanidade.

As mulheres que participaram na *querelle* foram as que Virginia Woolf chamou "as filhas dos homens cultos", filhas, irmãs ou sobrinhas de humanistas que foram educadas por estes e se rebelaram contra aqueles que as preparam para uma sociedade que proibia a entrada de mulheres. Elas descobriram que o ideal universal de *humanitas* não era este, já que não incluía mulheres. Essa situação contraditória despertou nelas uma consciência ao mesmo tempo moderna e feminista. Uma representante fundamental dessa consciência foi a escritora Christine de Pizan que intervém no debate sobre a *querelle* não por questões literárias, morais ou filosóficas, mas pelo conjunto de argumentos condenatórios e insultantes para as mulheres que a obra *Roman de la Rose* contém. Reage contra a literatura misógina que vinha sendo repetida desde a Antiguidade e que alcança uma expressão generalizada na Idade Média. Não apenas denuncia esse desprezo em relação às mulheres como também, o que é mais importante, a situação de desamparo destas perante esse empreendimento por não terem acesso à cultura.

Christine de Pizan (1363-1431) pode ser considerada a primeira mulher escritora profissional já que de sua pluma saiu

Pizan e a *Cidade das mulheres*

a renda com a qual pôde sustentar seus três filhos pequenos quando da morte do marido. Seu talento, sua grande erudição e sua capacidade de trabalho deram muitos frutos dos quais se conservaram 37 obras. Pizan não é somente escritora mas também editora, já que algumas das cópias manuscritas que se conservam saíram de suas mãos e para ela trabalharam os artistas que as iluminaram. Acredita-se que ela mesma participou dessa tarefa.

No ano de 1405, escreve o seu livro mais conhecido e reconhecido, *A cidade das mulheres*. Nele, questiona a autoridade masculina dos grandes pensadores e poetas que contribuíram para formar a tradição misógina e decide fazer frente as acusações e insultos contra as mulheres, que eram tratadas como desobedientes, invejosas, mesquinhas, embusteiras, faladoras, orgulhosas, luxuriosas, perigosas, etc. Propõe, com firmeza e segurança, uma utopia, um espaço próprio para elas e reivindica uma genealogia de mulheres de capacidades e qualidades excelentes ao longo da história.

No século XIV, ainda estávamos longe das formulações do conceito de cidadania e de feminismo. Não obstante, Christine fala com voz própria em um mundo no qual se discute sobre a natureza das mulheres, rebatendo com argumentos, em seu nome e de todas as mulheres. Dispôs, ademais, deste espaço privilegiado e imprescindível que Woolf chamou de "*Um quarto todo seu*": "*Sentada um dia em meu quarto de estudos, rodeada dos livros mais díspares, segundo tenho costume*"[7] são as palavras com as quais ela se apresenta em seu livro.

A autora conta logo nas primeiras páginas como surgiu a ideia de escrever esse livro e qual o seu propósito. Após receber a visita de três damas importantes: Razão, Retidão e Justiça – cujo resplendor iluminava toda a sala – que sugeriram a construção de uma cidade que possa acolher todas as mulheres, "*uma cidade levantada e edificada para todas as mulheres de mérito, as de ontem, hoje e de amanhã*".[8]

Os materiais e as defesas dessa cidade imaginária são as próprias mulheres excelentes. Justiça a convida a "*misturar com a tinta a dignidade e usar sem pena este cimento que eu te proverei em quantidade*". Razão, Justiça e Retidão vão proporcionando as melhores pedras com as quais construir os diferentes recintos da cidade:

> *As mulheres que a história, a mitologia e as lendas consagraram depois de demonstrar seu gênio, sua constância, sua arte, suas virtudes, seu valor na guerra igualando-as por seus méritos e não por sua condição de nascimento ou posição social. A cidade que fundarás com nossa ajuda nunca desaparecerá, mas sempre florescerá; pese a inveja de seus inimigos, resistirá a muitos assaltos sem ser jamais tomada ou vencida.*[9]

---

[7] PIZAN, Christine de. *La ciudad de las damas*. Madrid: Siruela, 2001. Biblioteca Medieval, p. 63.

[8] *Ibidem*, p. 74.

[9] *Ibidem*, p. 95.

Os alicerces da cidade formados por este cimento, os palácios e mansões se constroem com todas as mulheres anônimas que coletivamente protagonizaram algum feito heroico e com as que conseguiram conservar seus nomes na história. Com esta construção Christine toma como sua referência, adota e aceita a autoridade de outras mulheres e constrói uma genealogia feminina que cinco séculos mais tarde continua tendo plena vigência como motor do movimento de emancipação da mulher.

A cidade das mulheres é não só um espaço metafórico no qual elas estão seguras, mas também local de relações regidas pelo direito, ou seja, um espaço de cidadania.

Trata-se de uma verdadeira alegoria da autoridade feminina, que permite a Christine de Pizan revisar a história e ir incorporando todas as figuras femininas, desde as Amazonas e outras personagens mitológicas até princesas e grandes damas da França, suas contemporâneas, passando pelas Sibilas, as mulheres ilustres e fortes da Antiguidade, as mártires, etc.

No *Tesoura da cidade das damas,* livro prático de conselhos escrito no mesmo ano, ela propõe a divulgação e difusão de suas ideias pelo mundo inteiro e entre as mulheres de todas as posições sociais. Para tanto se comprometeu a enviar cópias "custe o que custar" a rainhas e damas da nobreza e se encarregou de providenciar para que fosse examinado, lido e publicado em vários países.

Desse modo, Pizan reivindica para as mulheres o primeiro direito do qual derivam todos os outros, ou seja, o do reconhecimento da condição de sujeito, com toda a dignidade que isso implica e com todas as qualidades que se atribuía somente aos homens: inteligência, força, valor, criatividade. Reivindica também como valores humanos igualmente dignos de consideração tudo aquilo que se reconhece como próprio das mulheres e que em consequência é desvalorizado: a ternura, o cuidado com as pessoas, a ocupação com tarefas menores – as tarefas domésticas.

A influência da Reforma Protestante

A cultura e a educação eram então um bem escasso entre as mulheres e, por essa razão, foram de outra índole as ações que provocaram uma repressão de imensas proporções e envolveram grande número de mulheres: a relação entre e as heresias religiosas.

Pode-se dizer que, apesar de as doutrinas heréticas sobre a natureza e a posição das mulheres serem inúmeras, há nelas um ponto em comum: conferem um tipo de dignidade e possibilidade intelectual para as mulheres que, naquele contexto histórico, dificilmente poderiam encontrar em outro espaço público. A reforma protestante, por exemplo, ao afirmar a primazia da consciência-indivíduo e o sacerdócio universal de todos os verdadeiramente crentes frente à relação hierárquica com Deus, abriu as portas à interrogação das mulheres *"por que não as mulheres?"*[10]

Não obstante, e como já havia acontecido com as heresias medievais e renascentistas, a própria lógica dessas teses levou à formalização de grupos mais radicais. Especialmente na Inglaterra, a pujança do movimento protestante, já em meados do século XVII, deu lugar ao nascimento de alguns desses grupos, como os *quackers*, que incluíram as mulheres como pregadoras e admitiam que o Espírito Santo pudesse expressar-se por meio delas.

Algumas mulheres encontraram uma via interessante no Unitarismo[11] para desenvolver sua individualidade: o Espírito podia induzi-la ao celibato, ou tirar o direito do marido de governar sua consciência. Muitas delas foram acusadas de fazer pactos com o demônio. As frequentes acusações de bruxaria contra mulheres

[10] Paradoxalmente, o Protestantismo acabou por reforçar a autoridade patriarcal já que parecia necessário um substituto para a debilitada autoridade do sacerdote e o do rei. Dessa forma, o pai se converteu no novo e inapelável intérprete das Escrituras.

[11] O **Unitarismo** é uma corrente de pensamento teológico que afirma a unidade absoluta de Deus. Prega a liberdade de cada ser humano para buscar a sua própria Verdade e a necessidade de cada um buscar o crescimento espiritual sem a necessidade de religiões, dogmas e doutrinas.

unitaristas ao longo desses séculos e sua condenação à fogueira foi o justo contrapeso "divino" a todas aquelas que desafiavam o poder patriarcal.

A mulher no Antigo Regime - Os salões franceses

Na França, o Antigo Regime foi a idade de ouro da vida mundana organizada na maior parte dos casos por iniciativa e em função de uma mulher. Durante esse período, muitos conceitos que se tinham sobre a mulher e seu papel social sofreram importantes alterações. Na França do século XVII, os salões começavam a aparecer como espaços públicos capazes de gerar novas normas e valores sociais.

Os salões eram o centro dessa vida e os mais importantes eram organizados por mulheres onde com pelo menos um século de antecipação se predicavam e colocavam em prática ideias contra o matrimônio adotadas depois pelas **preciosas,** nome dado a um grupo de literatas da segunda metade desse século como veremos a seguir. Uma característica desses salões era que, fugindo da superficialidade do entretenimento puro, tinham um caráter profundamente intelectual de mercado de ideias. As discussões giravam em torno a distinguir, analisar e classificar os sentimentos, determinar suas matrizes e suas fontes. Discutia-se o sentido de beleza das palavras e havia grande preocupação com a reforma da linguagem.

A Marquesa de Rambouillet pode ser considerada como a primeira professora de urbanidade na França. Seu salão foi tomado como exemplo em todo o país durante o século XVII e também nos salões do século XVIII.

Não cabem dúvidas de que as reuniões Rambouillet, que tiveram seu apogeu entre 1630 e 1648, contribuíram para modificar ainda que parcialmente a atitude da cultura masculina em relação às mulheres, o que se pode comprovar com uma série de livros publicados nesse período.

Marquesa de Rambouiillet

Em 1661, publica-se *O grande dicionário das preciosas* de Somaise e em 1663 *O círculo das mulheres sábias* de Jean da la Forge. Esse clima cultural é, em parte, precedente ao preciosismo, mas ao mesmo tempo um testemunho mais ou menos fiel de seu desenvolvimento e realizações.

O **Preciosismo** foi um fenômeno complexo que se apresenta ao mesmo tempo como um modelo de comportamento, uma corrente literária, um movimento de ideias e um movimento, sobretudo feminino que afrontava temas que iam muito além do âmbito da cultura. Segundo Badinter, foram as preciosas francesas as primeiras a questionar o papel dos homens na sociedade:

> *Consideradas as primeiras feministas – mulheres da aristocracia e alta burguesia, solteiras, independentes economicamente–, defendiam a igualdade entre os sexos, o direito ao amor e ao prazer sexual, o acesso à mesma educação intelectual dada aos homens. Questionando a instituição casamento e os papéis de esposa e mãe como destino da mulher, elas inverteram os valores sociais da época. Apesar de seus opositores, elas conseguiram algumas mudanças.*[12]

[12] BADINTER, Elisabeth. *XY: sobre a identidade masculina.* Rio de Janeiro: Ed. Nova Fronteira, 1993, p. 12.

A expressão *précieuse* passa a ser usada para designar as mulheres que reivindicavam acesso ao conhecimento e à autonomia. São os salões das preciosas que irão introduzir novos padrões de comportamento. Foi Madeleine Scudéry, literata e mulher de alta cultura, quem em 1650 lançou as bases do Preciosismo e difundiu suas teorias.

Madeleine Scudéry nasceu em Le Havre, em 1607. Ficou conhecida também como Safo, seu pseudônimo como escritora. Escreveu vários romances em que situou a mulher como protagonista da sociedade mundana. Em seu salão, recebia pessoas de todas as classes e sexos sempre que se distinguissem pela inteligência. Foi a primeira mulher a obter o prêmio de eloquência da Academia Francesa.

Madeleine de Scudéry

Podemos afirmar, sem correr o risco de anacronismo, que nos salões seiscentistas das preciosas delineou o que podemos chamar de protofeminismo, ou seja, uma atitude inconformista com as convenções sociais e as ideias em voga a respeito da inferioridade do sexo feminino e da incapacidade das mulheres para tratar de assuntos tão sérios como a filosofia, a ciência, as artes; enfim, qualquer forma de manifestação de inteligência e reflexão. As preciosas defendiam a capacidade feminina para o pensamento crítico desde que às mulheres fossem franqueados a educação, o acesso à cultura escrita e à erudição.

Quanto à moralidade e aos costumes nada havia a temer, pois a história era testemunha do valor das mulheres cultas, algo que fora tema da polêmica que se iniciara no século XV, como vimos, com Christine de Pizan, e com a *querelle des femmes*. As preciosas também criticavam a sujeição feminina estabelecida pelos códigos sociais, jurídicos e religiosos. Muitas delas expressaram por escrito essas críticas, formuladas principalmente contra o casamento, e a maternidade, nessa época, interpretados como verdadeiras prisões que impediam o desenvolvimento intelectual e a autonomia das mulheres.

As demandas e petições por inúmeros motivos demonstram a inquietude desse grupo de mulheres, que abarcam, desde a defesa das solteiras até o direito de usarem calças como demonstra este indignado artigo publicado em 1675:

> *Quando os homens imploram por suas esposas, as mulheres dominantes que vestem calças aplicam línguas, mãos, gênio; todos seus dotes firmes no intuito de conseguirem conquistar calças. Nada as detém, quando desperta o comichão até conseguirem satisfazer seu desejo de obter calças.*

Certamente, essas mulheres ricas e bem posicionadas não chegaram a formular uma crítica à sociedade que as oprimia, nem conseguiram olhar para baixo para perceber que essa opressão era diferenciada de acordo com outras clivagens sociais.[13] Mesmo

---

[13] Um exemplo é a petição das criadas de 1647: *"É nosso desejo fechar as portas de nossas cozinhas de oito da manhã até nove da noite todas as segundas terças- feiras de cada mês, a não ser que algum acontecimento extraordinário justifique mantê-las abertas, em cujo caso desejamos desfrutar de uma liberdade equivalente em outro dia da semana; mas nossas Damas são tão boas que encontram pretexto em qualquer coisa e pode nos prender com um simples dia de chuva... para tanto, que caia chuva, granizo, neve ou vento,*

tomando como modelo a sociedade da corte, com seus códigos de etiqueta, seus modelos calculados de conduta e de eloquência e a personalização do poder – neste caso não o poder monárquico, mas o poder da grande dama –, um novo espaço de relações sociais menos verticalizadas começou a se configurar.

Apesar de conservadores na sua estrutura e na sua concepção inicial, os salões – com o passar do tempo e com a ampliação dos interesses das mulheres – introduziram novas formas de sociabilidade, não mais fundadas em privilégios e nas posições sociais, mas na cultura, no prazer da conversação e principalmente no cultivo da amizade.

As preciosas, que declaravam preferir a aristocracia do espírito à do sangue, revitalizaram a língua francesa e impuseram novos estilos amorosos; estabeleceram suas normativas em um terreno no qual raras vezes as mulheres tinham podido afirmar seu desejo. A especificidade da contribuição dos salões do século XVII ao feminismo se encontra no fato de que graças a eles a polêmica feminista deixa de ser uma discussão privada entre teólogos e moralistas e passa a ser um tema de opinião pública.

Seguramente hoje se conhece muito mais a reação patriarcal contra esse fenômeno do que as obras produzidas pelas mulheres. Reação bem simbolizada em obras como as de Molière, em especial *As preciosas ridículas*, representada pela primeira vez em 1659.

É importante ressaltar que as ideias preciosas sobre a língua francesa inspiraram a compilação do *Dicionário da Academia Francesa*. Suas metáforas não foram construídas como imagens, mas sim como símbolos espirituais para representar ideias, se tratava de enigmas que colocavam em jogo apenas a mente. Esse tipo de metáfora implicava maior complexidade e maior esforço mental. O trabalho de compilação feito pela Academia resultou em uma língua de inteligência pura, da racionalidade, que logo seria

mas que tenhamos permissão para nossa privacidade, pegar nossos casacos e tomarmos o rumo que quisermos".

utilizada por Voltaire, uma língua de analistas e ideólogos aos quais o preciosismo aportou sua contribuição teórica.

A influência do Preciosismo se estendeu até pelo menos 1680, como provam as diversas reimpressões (até 1698) de numerosas obras compostas nesses círculos. Nesse período, as mulheres começaram a se interessar cada vez mais pela ciência, o que fez com que o Preciosismo fosse perdendo sua força.

O nascimento da ideia feminista na Veneza do século XVII

Muitas foram as circunstâncias que fizeram da Veneza do século XVII o lugar onde surgiram as primeiras formulações radicais da ideia feminista. A República de Veneza de Paolo Sarpi (1552-1623), rica, culta e competente, tentava manter aberto o enfrentamento crítico com o papado, mas desde o Renascimento que tanto esta cidade quanto Pádua haviam dado livre acesso à cultura às mulheres. Obviamente Veneza não era um paraíso para todas as mulheres, mas muitas dispuseram de meios culturais e morais necessários para criar novas ideias, colocá-las por escrito e travar algumas batalhas intelectuais.

No século XVII se iniciou uma calorosa discussão em relação às capacidades e ao papel social das mulheres. O problema estava na ordem do dia: as transformações econômicas, sociais e políticas haviam assentado as bases de uma participação mais ampla e consciente das mulheres na vida política, artística e cultural; entretanto, muitas estavam apartadas de qualquer tipo de educação ou papel significativo. Reclusas em suas casas, não lhes era permitido falar com estranhos e apenas podiam sair para ir até a Igreja se fossem acompanhadas por uma mulher mais velha.

O debate se centrou em torno do fundamento do conceito de inferioridade ontológica das mulheres em relação aos homens. A essa tese algumas escritoras opuseram a antítese da superioridade e da excelência das mulheres escrevendo ensaios, opúsculos nos quais, além de indagarem as causas históricas dessa condição de inferioridade, expunham por meio de figuras exemplares tomadas da história de mulheres que se haviam imposto com excelentes resultados em todos os campos da ação humana.

Três intelectuais de Veneza despontaram como precursoras do feminismo: Lucrécia Marinelli, Moderata Fonte e Arcângela Tarabotti. A primeira escreveu, em 1601, *La nobilità e l'eccelenza delle donne* (A nobreza e a excelência das mulheres), em que defendeu a igualdade fundamental dos dois sexos, ressaltando o papel da mulher na história da civilização.

Moderata Fonte publicou, em 1600, *Merito delle donne* (Valor das mulheres), em que retratou as donas de casa de sua época, que viviam "como animais encurralados entre paredes", dizia uma personagem desiludida com o casamento, em que a sonhada liberdade se evaporara para dar lugar a "um odioso guardião". Desprovida de recursos e instrução, a mulher sujeitava-se ao poder masculino.

Arcângela Tarabotti foi obrigada pelo pai, em 1620, aos 16 anos, a ingressar no mosteiro da Santa Ana, das beneditinas, onde morreu em 1652. Ao longo de 32 anos, escreveu textos e cartas em seu "cárcere feminino", como qualificava o mosteiro, denunciando a inferioridade da mulher. Em suas obras *Antisatira* (Antissátira), *Difesa dellee donne contro Horatio Plata* (Defesa das mulheres contra Horácio Plata) e *La tirannia paterna*, esta publicada em 1654, Arcângela Tarabotti denunciou os falsos moralismos masculinos, a falta de liberdade feminina e a violência que a obrigou a trocar a pena de escritora pela agulha de bordadeira.

2

A primeira onda do feminismo

As ideias ilustradas e a Revolução Francesa

Diferentes autoras coincidem ao ressaltarem a obra do filósofo Poulin de la Barre e os movimentos de mulheres que tiveram lugar durante a Revolução Francesa, como um dos momentos-chave – o primeiro teórico e o segundo prático – na articulação do feminismo moderno.

O texto de Poulin de la Barre intitulado *Sobre a igualdade entre os sexos*, publicado em 1673 – em pleno auge do movimento das preciosas – é considerado a primeira obra feminista que se centra explicitamente em fundamentar a demanda pela igualdade sexual. Com essa obra, assistimos a uma verdadeira mudança no estatuto epistemológico da *querelle* ou guerra entre os sexos: a comparação entre homens e mulheres abandona o centro do debate e torna-se possível uma reflexão sobre a igualdade.

Em sua obra, aplica os critérios da racionalidade às relações entre os gêneros. Antecipando-se aos iluministas, critica especialmente o apego aos preconceitos e defende o acesso ao saber às mulheres como remédio contra a desigualdade e como parte do caminho ao progresso que responde aos interesses da verdade. O filósofo publicou outros textos sobre o mesmo tema. Sua intenção era mostrar como se pode combater a desigualdade sexual por meio da educação e quis desmontar racionalmente as argumentações daqueles que defendiam a inferioridade das mulheres.

É de sua autoria a célebre frase: *"A mente não tem sexo"*, e inaugurou uma das principais reivindicações do feminismo tanto naquela que se costuma chamar de primeira quanto na segunda do feminismo: a educação. É preciso ressaltar ainda que La Barre desenvolveu uma ideia parecida ao que séculos mais tarde chamaríamos de discriminação positiva ou ação afirmativa. Ele parte da ideia de que as mulheres, como coletivo social, historicamente foram roubadas em tudo o que era seu: "*Além das várias leis que fossem vantajosas para as mulheres...*"[14]

Os últimos anos do século XVIII marcam a transição entre a Idade Moderna e a Contemporânea. As características desse período histórico são o desenvolvimento científico e técnico e seus fundamentos foram três: o racionalismo, o empirismo e o utilitarismo. Ao mundo que anunciavam teoricamente os filósofos se chegaria graças aos processos revolucionários. Por um lado, as revoluções políticas que derrubariam o Absolutismo e instaurariam a democracia e, por outro, a Revolução Industrial, que transformaria os meios tradicionais de produção. Nesse espírito, Thomas Jefferson redige a Declaração de Independência dos Estados Unidos em 1776 e na França, em 1789, se proclama a Declaração dos Direitos do Homem e do Cidadão.

As revoluções foram possíveis porque, além de uma série de razões econômicas objetivas, começava a se desenvolver uma nova forma de pensamento em que se defendia o princípio de igualdade e cidadania.

Entretanto, Rousseau, um dos principais teóricos do período, filósofo radical que pretendia desmascarar qualquer poder ilegítimo,

14 MARTINO, Giulio de; BRUZZESE, Marina. *Las filósofas*. Madrid: Cátedra, 1996.

que nem admitia a força como critério de desigualdade, que apela à liberdade como um tipo de bem que ninguém está autorizado a alienar e que defendia a ideia de distribuir o poder igualitariamente entre todos os indivíduos, afirmava que a sujeição da mulher e sua exclusão é desejável. E mais, constrói o novo modelo de família moderna e o novo ideal de feminilidade.

Apesar da misoginia presente no pensamento filosófico da maior parte dos intelectuais da época, toda mudança política que supôs a Revolução Francesa, teve como consequência o nascimento do feminismo e ao mesmo tempo sua absoluta rejeição e violenta repressão.

A maior parte das estudiosas está de acordo que o feminismo como corpo coerente de reivindicações e como projeto político, capaz de constituir um sujeito revolucionário coletivo, só pôde articular-se teoricamente a partir das premissas da ilustração: todos os homens nascem livres e iguais e, portanto, com os mesmos direitos. Mesmo quando as mulheres ficaram fora do projeto igualitário – tal como aconteceu na França revolucionária –, a demanda de universalidade que caracteriza a razão ilustrada pode ser utilizada para "irracionalizar" seus usos ilegítimos, neste caso, patriarcais.

Nesse sentido, o feminismo supôs a efetiva radicalização do projeto igualitário ilustrado. A razão ilustrada, fundamentalmente crítica, possui a capacidade de voltar-se sobre si mesma e detectar suas próprias contradições. E foi dessa maneira que as mulheres da Revolução Francesa a utilizaram quando observaram com espanto como o novo Estado revolucionário não encontrava contradição alguma em defender a igualdade universal e deixar sem direitos civis e políticos todas as mulheres.

Na Revolução Francesa, vemos não apenas o forte protagonismo das mulheres nos eventos revolucionários, mas também a aparição das mais contundentes demandas de igualdade sexual. A participação delas se produziu em dois âmbitos distintos: o popular e de massa de mulheres que lutaram na frente de batalha e o intelectual, representado geralmente pelas burguesas, que se manifestaram especialmente nas sessões da Assembleia Constituinte, na produção de escritos sobre a revolução, na criação de jornais e grupos femininos empenhados nas lutas pelos direitos civis e políticos das mulheres.

A convocação dos Estados Gerais por parte do Luis XVI se constituiu no prólogo da Revolução. Os três Estados – nobreza, clero e povo – se reuniram para redigir suas queixas e apresentá-las ao rei. Elas foram excluídas e começaram a escrever seus próprios *"cahiers de doléance"* (cadernos de queixas) que denunciavam precisamente as injustiças padecidas. Neles, as mulheres que se autodenominavam "o terceiro Estado do terceiro Estado", mostraram sua clara consciência de coletivo oprimido. Nesses cadernos, expressaram seu direito a educação, ao trabalho, direitos matrimoniais e direito ao voto. Também reivindicavam que a prostituição fosse abolida bem como os maus-tratos e os abusos dentro do casamento. Essas reivindicações políticas ficam claras neste trecho de um desses cadernos:

> *Se poderia responder que estando demonstrado, e com razão, que um nobre não pode representar um plebeu, nem este um nobre, do mesmo modo, um homem não poderia, com maior equidade, representar uma mulher, posto que os representantes devem ter absolutamente os mesmos interesses que os representados: as mulheres não poderiam, pois, estar representadas senão por mulheres.*[15]

Concretamente, no plano das leis e não nos de princípios – pois os cadernos de queixas não foram levados em conta na Assembleia Nacional que proclamou a Declaração dos Direitos do Homem e do Cidadão –, as mulheres obtiveram poucas conquistas,

---

[15] CUTRUFELLI, Maria Rosa. *La ciudadania. Olympe de Gouges. La mujer que vivió por um sueño.* Barcelona: Aribau, 2007, p. 45.

ainda que algumas significativas como a lei do divórcio, a admissão de testemunhar em processos civis, a abolição do direito de maioridade, ou seja, do privilégio reservado aos filhos homens na sucessão hereditária.

Três meses depois da queda da Bastilha, cerca de 6 mil mulheres parisienses marcharam até Versalhes e transportaram o rei até Paris de onde seria muito mais difícil evadir dos grandes problemas do povo. Pouco depois apresentaram uma petição à Assembleia Nacional em que denunciavam a "aristocracia masculina" e nela propunham a abolição dos privilégios do sexo masculino, tal e qual se estava fazendo com os privilégios dos nobres sobre o povo. Uma vez que haviam aberto o precedente de iniciar um movimento popular armado não iriam pestanejar em seu afã de não serem retiradas da vida política. Logo foram formados clubes de mulheres nos quais plasmaram efetivamente sua vontade de participação. Impulsionadas por seu autêntico protagonismo e pelo reconhecimento público do mesmo, outras não duvidaram em defender e exercer o direito a formar parte do exército. Entre 1789 e 1793 havia 56 clubes republicanos femininos ativos na emissão de petições e com expressão pública de uma voz em feminino que reclamava a presença de mulheres na vida política.

Entre tantas mulheres que afrontaram as temáticas especificamente femininas, destacamos Théroigne de Méricout, que propôs a formação de um batalhão militar feminino para participar da guerra, Etta Palm (da facção girondina) e Claire Lacombe jacobina revolucionária que fundou ao lado de Pauline León um dos mais importantes e radicais clube de mulheres: La Société Républicaine Révolutionnaire..."

No entanto, seguramente, um dos momentos mais lúcidos na tomada de consciência feminista do século XVIII está na *Declaração dos Direitos das Mulheres e das Cidadãs* escrito em 1791 por Olympe de Gouges e em *Reivindicação dos Direitos das Mulheres*, de Mary Wollstonecraft, de 1793.

Olympe de Gouges

Olympe de Gouges

Olympe de Gouges (pseudônimo de Marie Gouze), uma mulher do povo nascida em 1748, vivia em Paris escrevendo textos teatrais pouco antes de a Revolução começar. Em 1791, escreveu a famosa *Declaração dos Direitos das Mulheres e das Cidadãs* e a dedicou à rainha Maria Antonieta, a quem considerava uma mulher oprimida como as demais. A intenção da declaração era conscientizá-las de todos os seus direitos que estavam sendo negados e pedir sua reintegração para que pudessem ser cidadãs para todos os efeitos. A mulher nascia livre e igual ao homem e possuía os mesmos direitos inalienáveis: a liberdade, a propriedade e o direito à resistência à opressão. As mulheres deveriam participar na formação das leis tanto direta quanto indiretamente por meio da eleição de representantes.

Com sua declaração Olympe denunciava que a Revolução havia negado direitos políticos a elas e, portanto, que os revolucionários mentiam quando falavam de princípios universais como liberdade e igualdade mas não toleravam mulheres livres e iguais. Durante a

Revolução escreveu mais de 4 mil páginas entre manifestos, artigos, panfletos, opúsculos e discursos para os clubes femininos e ainda assim foi acusada de não saber ler nem escrever. Viúva ainda jovem, se referia ao casamento como o túmulo do amor e da confiança. Foi uma apaixonada defensora do divórcio e da união livre, antecipando desse modo, em mais de cinquenta anos, as saint-simonianas e em pelo menos cento e cinquenta a Simone de Beauvoir que postula posições semelhantes. Inteligente, indomável, bela e apaixonada pela defesa dos assuntos mais engajados: desde prisão por dívidas, até a escravidão dos negros passando pelos direitos femininos (divórcio, maternidade, a massiva entrada forçada de mulheres na vida religiosa) nada fica de fora de seus interesses.

Entretanto, nada disso lhe abriu as portas da Assembleia de Paris nem da Comédia Francesa onde lutou com todas as forças para que suas peças fossem encenadas. Entretanto, Olympe aparece em numerosas publicações da época seja por causa de sua grande beleza quanto sobre as dúvidas em relação a sua virtude, o que a fez aparecer tanto no livro *Homenagem às mulheres mais bonitas e virtuosas de Paris* como na *Lista de prostitutas de Paris.*

Quando decidiu ser escritora recebeu de seu pai estas palavras:

> *Não espere senhora que eu concorde com este ponto de vista. Se as pessoas de vosso sexo pretendem se converter em racionais e profundas em suas obras, no que nós homens nos converteremos, hoje em dia tão superficiais? Adeus à superioridade da qual nos sentimos tão orgulhosos. As mulheres ditariam as leis. Esta revolução seria perigosa. Assim pois desejo que as Damas conservem sua frivolidade . Enquanto careçam de sentido serão adoráveis. As mulheres sábias de Molière são modelos ridículos. As que seguem seus passos são o azote da sociedade. As mulheres podem escrever, mas convém para a felicidade do mundo que não tenham pretensões.*[16]

[16] CUTRUFELLI, Maria Rosa. *La ciudadania. Olympe de Gouges. La mujer que vivió por um sueño.* Barcelona: Aribau, 2007, p. 83.

Mary Wollstonecraft

Nasceu em Spitalfields, Londres, em 1759. Seu pai, um fabricante de lenços, era um homem irritadiço e perturbado, que batia na esposa e nos filhos. A mãe – irlandesa – educou-os de forma rigorosa, mas não receberam educação formal. Mary aprendeu a ler apenas aos 14 anos. Diz-se dela que foi autodidata. Em 1778, com apenas 19 anos, abandonou o lar paterno para viver com um rico negociante, viúvo, em Bath. Depois de dois anos, voltou para casa, para cuidar da mãe doente que veio a falecer depois de um longo sofrimento As últimas palavras da sua mãe seriam muitas vezes recordadas e citadas pela escritora quando, mais tarde, atravessou períodos difíceis na sua vida: "*Um pouco de paciência, e tudo estará acabado*". Em 1784 conheceu Richard Price, um ministro anglicano de ideias avançadas e líder de um grupo conhecido como Dissidentes Racionais, que rejeitava os dogmas cristãos – como o pecado original, o juízo final e a condenação às penas eternas. Para Price, tanto a

Mary Wollstonecraft

razão quanto a consciência individual deveriam ser usadas para fazer escolhas morais. Como resultado dessas ideias, e de sermões em apoio à Revolução Americana na década de 1770, Price fora acusado de ateísmo e era visto com hostilidade pelos demais anglicanos. Em decorrência de sua convivência com Price, Mary veio a conhecer o editor Joseph Johnson, que se entusiasmou com as ideias de Mary sobre educação, tendo-lhe recomendado que escrevesse um livro a respeito delas. Veio a público, desse modo, a obra *Reflexões sobre educação de filhas* (1786), na qual Mary analisou as restrições educacionais impostas às jovens, assim mantidas em um estado de "*ignorância e dependência*". Mostrou-se especialmente crítica da sociedade que encorajava as jovens a ser "*dóceis e atentas à aparência*", concluindo com a sugestão de uma ampla reforma do currículo escolar. No contexto da Revolução Francesa, Price fez, em novembro de 1791, um sermão no qual afirmou que o povo inglês também tinha o direito de destronar um rei, caso este fosse cruel. Este sermão incentivou Mary a escrever textos políticos sobre os mais variados temas, do tráfico de escravos às injustiças de tratamento para com os mais pobres. Um desses artigos, *A reivindicação dos direitos do homem*, chamou a atenção de autores como Tom Paine, William Blake, Edmund Burke, Jean-Jacques Rousseau e Voltaire, levando a que as ideias da autora fossem discutidas nos principais círculos intelectuais da França e do Reino Unido. Escrito em menos de trinta dias esse texto a tornou famosa.

Em seguida, Mary publicou a sua obra mais importante, *A reivindicação dos direitos da mulher* (1790), em que estão lançadas as bases do feminismo moderno. Nele advoga pelo igualitarismo entre homens e mulheres, a independência econômica e a necessidade da participação política e da representação parlamentar. A autora via a educação como um caminho para as mulheres conquistarem um melhor "*status*" econômico, político e social. Defendia não apenas que elas tinham direito à educação como afirmava que da igualdade na formação de ambos os sexos dependia o progresso da sociedade como um todo. Entre as suas passagens mais polêmicas, Mary afirma que o casamento é uma espécie de *prostituição legal*, que as mulheres são *escravos convenientes*, e que o único modo de elas continuarem livres é se mantendo longe do altar.[17]

Como propunha Olympe de Gouges, Mary Wollstonecraft tratava de situar as instâncias de liberação e igualdade social e política das mulheres no contexto do programa geral ilustrado dos Direitos do Homem. Para ela, a emancipação feminina e a igualdade entre homens e mulheres não se buscavam como um valor em si mesmo mas estava compreendidas nos princípios do direito natural moderno. Para a maioria dos historiadores, a autora inaugura a crítica moderna da condição feminina. A novidade teórica aqui colocada é a de que, pela primeira vez, chamava-se de privilégio o poder que os homens sempre exerceram sobre as mulheres de maneira "natural", ou seja, como se fosse um mandato da natureza.[18]

Mary: é radicalmente moderna, uma vez que planta as raízes de dois conceitos fundamentais que o feminismo ainda maneja no século XXI: a ideia de gênero – aquilo que é considerado como natural nas mulheres é, na realidade, fruto da repressão e da aprendizagem social, ou como dirá Simone de Beauvoir: não se nasce mulher, torna-se. E a ideia de discriminação positiva ou ação afirmativa:

> *E se se decide que naturalmente as mulheres são mais fracas e inferiores que os homens, porque não estabelece mecanismos de caráter social ou político para compensar sua suposta inferioridade natural?*[19]

---

[17] As suas ideias sobre o casamento são ilustradas no conto *Maria*, no qual a protagonista desse nome é internada em um hospital para doentes mentais, vítima dos maus-tratos do marido cruel.

[18] SHOWALTER, Elaine. *Inventing herself*. Great Britain: Picador, 2002, 2ª ed.

[19] No Brasil, Nísia Floresta foi a responsável pela primeira tradução da obra de Mary Wollstonecraft, ainda no século XIX.

As mulheres que haviam começado expondo suas reivindicações em um caderno de queixas terminaram orgulhosamente afirmando seus direitos. A transformação em relação aos séculos anteriores significou o passo do gesto individual ao movimento coletivo: a polêmica é levada à praça pública e toma forma de um debate democrático: converte-se pela primeira vez de forma explícita em uma questão política: identificou os mecanismos sociais e culturais que influenciavam na construção da subordinação feminina e elaborou estratégias para conseguir a emancipação das mulheres.

Os textos de fundação do feminismo ilustrado avançaram colocando ênfase na ideia de que as relações de poder masculino sobre as mulheres já não podiam mais ser atribuídas aos poderes divinos nem à natureza, mas que era resultado de uma construção social. Ao apelar ao reconhecimento dos direitos das mulheres como tais, situaram as demandas feministas na lógica dos direitos.

É preciso ressaltar que nem todos os ilustrados foram sexistas. Em 1790, Condorcet publica *Sobre a admissão das mulheres ao direito de cidadania*. Deputado da Assembleia Legislativa não tinha dúvidas: os princípios democráticos significavam que os direitos políticos eram para todas as pessoas. Além de sua sólida argumentação, Condorcet ironizou o preconceito:

> *porque os seres expostos a gestações e a indisposições passageiras não poderiam exercer direitos dos quais nunca se pensou privar aos seres que têm gota todos os invernos ou que se resfriam facilmente?*[20]

Entretanto, logo ficou claro que uma coisa era que a República estivesse agradecida e até condecorasse mulheres por serviços prestados e outra, que estivesse disposta a reconhecer-lhes outra função

---

[20] MARTINO, Giulio de; BRUZZESE, Marina. *Las filósofas*. Madrid: Cátedra, 1996.

que não a de mães e esposas (dos cidadãos). Como consequência foi indeferida a petição de Condorcet para que a nova república educasse igualmente homens e mulheres e em 1791 a Constituição afirmava a distinção entre duas categorias de cidadãos: ativos – homens maiores de 25 anos independentes e com propriedades – e passivos – homens sem propriedades e todas as mulheres sem exceção.

Em 1792, Olympe de Gouges atacou publicamente Robespierre chamando-o de tirano sanguinário. Foi acusada de traição por haver questionado em seu livro *As três urnas*, a República una e indivisível. Foi guilhotinada em 3 de novembro de 1793: "*por haver esquecido as virtudes que convém a seu sexo e por haver se intrometido nos assuntos da República*". No mesmo dia compartilhou o mesmo destino a rainha Maria Antonieta. Este é seu veredito sobre os homens:

> *Estranho, cego e degenerado, neste século de luzes e sagacidade, quer mandar como um déspota sobre um sexo que recebeu todas as faculdades intelectuais e pretende gozar da revolução e reclamar seus direitos à igualdade, de uma vez por todas.*[21]

A Revolução Francesa representou uma amarga e seguramente inesperada derrota para o feminismo. Os clubes de mulheres foram fechados pelos jacobinos em 1793 e em 1794 proibiu-se explicitamente a presença de feministas em qualquer tipo de atividade política; fosse qual fosse sua tendência ideológica, compartilhavam o mesmo fim: a guilhotina ou o exílio. As mulheres não podiam subir nas tribunas, mas sim no cadafalso. A imprensa revolucionária da época explica muito claramente o porquê: haviam transgredido as

[21] CUTRUFELLI, Maria Rosa. *La ciudadania. Olympe de Gouges. La mujer que vivió por um sueño.* Barcelona: Aribau, 2007, p. 127.

leis da natureza abdicando de seu destino de mães e esposas, querendo ser "homens de Estado". O novo Código Civil napoleônico, imitado depois por toda a Europa, cuja extraordinária influência chegou praticamente até nossos dias, se encarregaria de plasmar legalmente dita lei natural: converteu novamente o casamento em um contrato desigual, exigindo em seu artigo 321 a obediência da mulher ao marido e concedendo-lhe o divórcio apenas no caso de este levar sua concubina ao domicílio conjugal.

Com o Código Napoleônico, a menoridade perpétua das mulheres ficava consagrada. Eram consideradas apenas como filhas ou mães em poder de seus pais, maridos ou filhos. Não tinham direito de administrar suas propriedades, fixar ou abandonar seu domicílio, manter uma profissão ou um emprego sem permissão do homem da casa. A obediência, o respeito, a abnegação e o sacrifício foram fixados como virtudes obrigatórias. O novo direito penal fixou para elas delitos específicos que, como o adultério e o aborto, consagravam que seus corpos não lhes pertenciam. Para todos os efeitos nenhuma mulher era dona de si mesma. Todas careciam daquilo que a cidadania assegurava aos homens: a liberdade.

Elas entraram no século XIX de pés e mãos amarrados, mas com uma experiência política própria que não permitirá que as coisas voltem a ser como eram antes, pois a luta já havia começado. Sem cidadania e fora do sistema de educação formal, as mulheres ficaram fora do âmbito completo dos direitos e dos bens liberais. Por isso, conseguir o voto e a entrada nas altas instituições de ensino se converteram em um dos objetivos do sufragismo que marca o começo da segunda onda do feminismo moderno.

3 A segunda onda

O feminismo do século XIX

No século XIX – marcado por grandes movimentos sociais emancipatórios – o feminismo aparece, pela primeira vez, como um movimento social de âmbito internacional, com identidade autônoma e caráter organizativo. O ingresso das mulheres na cena política produziu-se sobre a base filosófica e jurídica da *Declaração dos Direitos do Homem e do Cidadão* dos revolucionários franceses. Deve-se ressaltar, entretanto que, além do feminismo, outros movimentos sociais se desenvolveram para dar respostas aos enormes problemas que a Revolução Industrial e o capitalismo estavam gerando.

O desenvolvimento das democracias censitárias e a industrialização crescente suscitaram enormes expectativas em relação ao progresso da humanidade. Rapidamente, essas esperanças chocaram-se frontalmente com a realidade. Por um lado, às mulheres eram negados direitos civis e políticos mais básicos, retirando de suas vidas qualquer possibilidade de autonomia pessoal. De outro, o proletariado – e as proletárias – ficava totalmente à margem da riqueza produzida pela indústria e sua situação de degradação e miséria converteu-se em um dos fatos mais ultrajantes da nova ordem social. Essas contradições foram o solo fértil das teorias emancipatórias e dos movimentos sociais no século XIX.

O horizonte ético-político do feminismo do período foi o igualitarismo entre os sexos e o da emancipação jurídica e econômica da mulher. A tendência igualitária predominou tanto na versão burguesa quanto na socialista (esta última mais atenta as condições de igualdade social e econômica do que política e civil), mas também existiram correntes que privilegiaram formas de luta e organização específicas e autônomas das mulheres.

De toda forma, ao longo do século XIX as feministas se empenharam, além de seus objetivos específicos, em temáticas concernentes aos direitos humanos e civis. Em um sentido amplo: as lutas pela liberdade de pensamento, de associação, pela abolição da escravatura, da prostituição e pela paz.

O signo político do feminismo mudou na segunda metade do século diante dos processos de urbanização e industrialização que se desenvolviam principalmente na Inglaterra e nos Estados Unidos. Proletárias e burguesas, envolvidas tanto nos movimentos socialistas quanto liberais, delinearam uma nova estratégia política específica para a "questão feminina".

O movimento sufragista

Nos Estados Unidos, as mulheres partiram dos problemas sociais que se desenvolviam a sua volta e que, por mais contraditório que pareça, percebiam melhor do que a sua própria condição: a escravidão dos negros. As mulheres, que já haviam lutado ao lado dos homens pela independência, se organizaram para abolir a escravidão. Essa atividade lhes trouxe experiência na luta civil, na oratória e lhes serviu de lanterna para tomar consciência de sua própria condição. As irmãs Sarah e Angelina Grimké, nascidas em uma família proprietária de escravos foram as primeiras ativistas no movimento de abolição que logo aplicaram sua crítica social à condição da mulher. Não é por casualidade que o primeiro romance antiescravista no continente americano foi escrito por uma mulher, Harriet Beecher Stowe, em 1851, o famoso *A cabana do pai Tomás*.

Paralelamente, os Estados Unidos estavam imersos em outro processo: o movimento de reforma moral. Como vimos, as práticas políticas protestantes – unitaristas mas sobretudo as *quackers* – permitiam a presença feminina nas tarefas da igreja. As mulheres podiam intervir publicamente nas orações e falavam diante de toda a congregação. Os *quackers* fundaram sua própria colônia na Pensilvânia em 1682. E, ao contrário do catolicismo, favoreciam a que as mulheres aprendessem a ler e escrever. Esse motivo foi fundamental para que nos Estados Unidos o analfabetismo feminino fosse muito menor do que na Europa.

Nesse contexto, se desenvolveu uma classe média de mulheres educadas que formaram o núcleo do feminismo norte-americano do século XIX que criou as bases para um movimento capaz de construir um programa de ação concreto.

Durante o congresso antiescravista mundial que aconteceu em Londres em 1840, as quatro delegadas norte-americanas não foram bem recebidas. Os congressistas ficaram escandalizados com sua presença, não as reconheceu como delegadas e as impediu de participar. As quatro mulheres só puderam assistir às sessões atrás das cortinas. Para muitos autores, esse episódio marca o inicio do movimento feminino norte-americano, pois ao voltarem ao seu país, humilhadas e indignadas decidiram centrar sua atividade no reconhecimento de seus próprios direitos.

Destacam-se aqui duas dessas delegadas pela importância de suas ações no desenvolvimento do movimento feminista norte-americano: Lucretia Mott, fundadora da primeira sociedade feminina contra a escravidão e cuja casa utilizava como rota de fuga para os escravos, e Elizabeth Stanton, sua discípula, que se tornou a intelectual mais destacada desse movimento pela organização do encontro que culminaria na redação da Declaração de Seneca Falls ou a Declaração dos Sentimentos: texto que funda o movimento sufragista estadunidense em 1848.[22]

Aconteceu em uma pequena cidade perto de Nova York, em uma capela metodista. Elizabeth Stanton convocou cem pessoas de diferentes associações e organizações de âmbito liberal – fundamentalmente todas comprometidas com a luta abolicionista – para uma reunião. Elizabeth, que tinha experiência em falar em público por suas atividades abolicionistas e depois de passados oito anos do vergonhoso episódio do congresso em Londres acima comentado, teve tempo suficiente para amadurecer sua humilhação e tomar decisões.

A convocação foi feita por meio do jornal local e tinha o seguinte texto:

> *Convenção sobre os direitos da mulher. Na quarta e quinta-feira, 19 e 20 de julho, às 10 horas da manhã na capela metodista de Seneca Falls, Estado de Nova York, uma convenção para discutir os direitos e a condição social, civil e religiosa da mulher. No primeiro dia acontecerá uma sessão exclusiva para mulheres, as quais cordialmente convido. O público em geral está convidado para o segundo dia, quando Lucretia Mott, da Filadélfia, e outras damas e cavalheiros se dirigirão aos presentes.*[23]

No total, 300 pessoas compareceram a essa reunião. Convocada para discutir as condições e direitos sociais, civis e religiosos das mulheres, essa convenção terminou por escrever um documento cujo modelo é a Declaração de Independência dos Estados Unidos. Esse acontecimento marcou profundamente o movimento feminista

---

[22] O ano de1848 marcou outros dois eventos fundamentais da história recente da sociedade ocidental: a revolução que se desenvolveu na França (no período da primavera dos povos), que promoveu a extinção do Absolutismo no país, e a publicação do Manifesto do Partido Comunista por Karl Marx.

[23] NASH, Mary. *Mujeres em el mundo. Historia, retos y movimientos*. Madrid: Alianza, 2004, p. 81.

internacional, uma vez que foi um dos primeiros programas políticos eminentemente feministas. A convenção foi o primeiro foro público e coletivo das mulheres.

O texto foi aprovado por unanimidade e assinado por 68 mulheres e 32 homens, com exceção da cláusula em que reclamavam o direito ao voto. Nesse momento ainda não era uma reivindicação clara para todas as mulheres. Como "filhas da liberdade", as mulheres de Seneca Falls, se apropriaram dos discursos políticos do momento da cultura norte-americana para legitimar a filosofia feminista. Por essa razão, a Declaração foi calcada na Declaração de Independência, porque assim poderiam dar-lhe legitimidade política. Os argumentos que utilizaram para reivindicar a igualdade dos sexos são de cunho eminentemente ilustrado; apelam à lei natural como fonte de direitos para toda a espécie humana, à razão e ao bom senso como armas contra o preconceito.

A Declaração questionava as restrições políticas: não poder votar, nem ser candidata, não poder ocupar cargos políticos ou assistir a reuniões políticas. Também se colocavam contra as restrições econômicas: a proibição de ter propriedades, uma vez que os bens eram transferidos ao marido; a proibição de dedicarem-se ao comércio, ou terem seu negócio próprio ou abrirem contas correntes em bancos. Em resumo: a Declaração se colocava – e de maneira muito direta – contra a negação dos direitos civis e jurídicos às mulheres.

A partir dessa data, as mulheres nos Estados Unidos começaram a lutar de maneira organizada por seus direitos, tratando de conseguir uma emenda constitucional que lhes desse acesso ao voto. Entretanto, como havia acontecido às francesas durante a Revolução de 1789, as sufragistas também foram traídas. Apesar de todo seu trabalho contra a escravidão, em 1866 o Partido Republicano, ao apresentar a décima quarta emenda constitucional que concedia aos escravos o direito ao voto, negava explicitamente o voto às mulheres. A emenda era apenas para os escravos libertos homens.

Nem mesmo os movimentos abolicionistas apoiaram as mulheres, temendo perder o privilégio que acabavam de conquistar.

Os esforços dirigidos a convencer e persuadir os políticos da legitimidade dos direitos políticos das mulheres provocava piadas e indiferença. Como consequência, o movimento sufragista dirigiu sua estratégia a ações mais radicais. Muitas das militantes foram presas, protagonizaram greves de fome e muitas foram mortas defendendo seus ideais.

Elizabeth se convenceu de que a luta pelos direitos femininos dependia apenas das mulheres e em 1868 fundou a Associação Nacional pelo Sufrágio da Mulher (NWSA). Em 1869, sofreram uma excisão liderada por Lucy Stone e formada por aquelas que consideravam excessivas as reivindicações do NWSA e fundaram a Associação Americana Pró-sufrágio das Mulheres (AWSA), a parte mais conservadora do movimento. Nesse mesmo ano Wyoming se convertia no primeiro Estado a reconhecer o direito ao voto feminino, 21 anos depois da Declaração de Seneca Falls.

Entre as conquistas que o movimento liderado por Elizabeth conseguiu está a emenda pelo direito ao compartilhamento de bens de Nova York. Essa emenda reconheceu os direitos das esposas em compartilhar os bens adquiridos pelo casal como: propriedades, ganhos e heranças, contratos e custódia dos filhos. A partir dessa emenda as esposas também passaram a ter o direito de apelar no tribunal de justiça (1860).

Elizabeth Cady Stanton

Cabe assinalar mais uma vez a importância da influência individualista da religião protestante. A crença protestante no direito de todos os homens e mulheres de trabalhar individualmente por sua própria salvação proporciona uma segurança indispensável e com frequência realmente uma verdadeira inspiração para muitas feministas norte-americanas do século XIX.

Elizabeth Cady Stanton

Os avanços foram lentos e, ante as dificuldades, as alas do movimento sufragista voltaram a se unir com a chegada do novo século. Em 1910, organizaram imensos desfiles. Das mais moderadas às mais radicais, desenvolveram uma atividade frenética até conseguir em 1918 que o presidente Wilson anunciasse seu apoio ao su-fragismo e um dia depois a Câmara dos Representantes aprovou a décima nona emenda. Mas apenas em 1920 ela entrou em vigor dando por fim o direito às mulheres estadunidenses a votarem. De todas as mulheres que se reuniram em Seneca Falls somente Charlotte Woodward estava viva para poder votar.

O sufragismo foi um movimento de agitação internacional, presente em todas as sociedades industriais que tinha dois objetivos centrais: o direito ao voto e os direitos educativos. Levou oitenta anos para conquistar ambos, o que supõe três gerações de militantes.

A política democrática deve ao movimento sufragista duas grandes contribuições: uma é a palavra solidariedade. Outra são os métodos de luta cívica atuais. A palavra solidariedade foi escolhida para substituir o vocábulo fraternidade – que significa irmão homem. A outra é ainda mais importante. O sufragismo se viu obrigado a intervir na política a partir do lado de fora, chamando a atenção sobre sua causa e com uma vocação de não violência. Dessa forma teve que ensaiar e provar novas formas de protesto. E acertou. O sufragismo inventou manifestações, a interrupção de oradores mediante perguntas sistemáticas, a greve de fome e muitas outras formas de protesto. O sufragismo inovou as formas de agitação e inventou a luta pacífica que logo foram seguidas por outros movimentos políticos como o sindicalismo e o movimento em prol dos direitos civis.

Sufragistas

Ainda que o movimento tenha ficado conhecido pela ênfase que dava ao direito ao voto, as sufragistas lutavam pela igualdade em todos os terrenos apelando à autêntica universalização dos valores democráticos e liberais. Por uma questão estratégica, consideravam que uma vez conseguido o voto e o acesso ao Parlamento, poderiam começar a modificar o resto das leis e instituições. Além disso, o voto era um meio de unir as mulheres de opiniões políticas e classes sociais muito diferentes, já que todas estavam excluídas por serem mulheres.

Sojourner Truth é um grande exemplo das diversas vozes de diferentes mulheres que foram se unindo ao sufragismo. Sojourner honrou seu nome – literalmente "verdade viajante" – e pregou onde pôde algumas ideias que questionavam ainda mais os discursos que justificavam a exclusão das mulheres. Ela era uma escrava liberta do estado de Nova York. Não sabia ler nem escrever, uma vez que a alfabetização era proibida – sob pena de morte – para os escravos, mas foi a primeira negra que conseguiu assistir à Primeira Convenção Nacional dos Direitos das Mulheres em 1850. No ano seguinte, pronunciou um discurso na Convenção de Akron e nele enfocou pela primeira vez os problemas específicos das mulheres negras, asfixiadas entre duas exclusões: a raça e o gênero.

> *Creio que com esta união dos negros do sul e das mulheres do norte, todos falando de direitos, os homens brancos estariam com grandes problemas bem rapidamente. Este homem diz que as mulheres necessitam da ajuda dos homens para subirem nas carruagens, cruzar as ruas, e que devem ter o melhor lugar em todas as partes. Mas a mim ninguém me ajuda a subir em carruagens, nem me deixam o melhor lugar. Por acaso eu não sou uma mulher? Olhem-me! Olhem meus braços! Eu arei e plantei e colhi e nenhum homem era melhor do que eu! E por acaso eu não sou uma mulher? (...) tive treze filhos e os vi serem vendidos como escravos e enquanto eu chorava com a dor de uma mãe, ninguém além de Jesus me ouvia! E por acaso eu não sou uma mulher?*[24]

O discurso de Sojourner abriu o caminho para o desenvolvimento do feminismo das negras e demonstrava que a suposta debilidade natural das mulheres ou suas incapacidades para alguns trabalhos ou responsabilidades eram absurdas e convenientes.

---

[24] SCHENEIR, Miriam. *Feminism, the essential historical wrintings.* New York: Vintage Books, 1972, p. 94.

Ela fazia sua reivindicação apelando a critérios universalistas, ou seja, não falava sobre diferença, mas sobre igualdade. Estendia as reivindicações à raça e mais concretamente, ao ponto estratégico em que nesse momento histórico se entrecruzavam a raça e o gênero: os direitos das negras. Reivindicava seus direitos não como negra, mas sim como mulher, como não era reconhecida.

Sojourner Truth

John Stuart Mill e Harriet Taylor

John Stuart Mill e Harriet Taylor

Desde 1866, ano em que o deputado John Stuart Mill, autor do livro *A sujeição da mulher* apresentou a primeira petição a favor do voto feminino no Parlamento inglês, não deixaram de haver iniciativas políticas. Mill, o filósofo inglês mais importante do século XIX, e Harriet Taylor fundaram as bases da teoria política sobre a qual cresceu e se moveu o sufragismo. Mill não conseguiu que suas iniciativas fossem aceitas e teve que suportar o escárnio de companheiros de Parlamento que diziam com ironia que Mill tentava fazer uma grande reforma social mediante a troca de uma simples palavra: trocar " homem" por "pessoa", na reforma eleitoral que se fazia naquele momento. Entretanto, levar essa questão ao Parlamento foi muito importante para as sufragistas e para que a opinião pública se inteirasse do assunto. Como exemplo do respeito que as feministas nutrem por Mill, nada melhor que uma carta que Elizabeth lhe escreveu depois de ler *A sujeição da mulher*:

> *Terminei o livro com uma paz e uma alegria que nunca antes havia sentido. Se trata, com efeito, da primeira resposta de um homem que se mostra capaz de ver e sentir todos os matizes sutis e os graus dos agravos feitos à mulher e o núcleo de sua debilidade e degradação.*[25]

O ensaio de Mill se tornou uma espécie de bíblia das feministas. A enorme repercussão que o livro causou em milhares de mulheres cultas e feministas do mundo todo pode ser atestada pelas inúmeras traduções que foram publicadas. No mesmo ano em que saiu na Inglaterra também o foi nos Estados Unidos, Austrália, Nova Zelândia, França, Alemanha, Áustria, Suécia e Dinamarca. Em 1870 foi publicado em polonês e italiano. Em 1883 a tradução sueca deu lugar a um debate entre um grupo de mulheres em Helsinque fundadoras do movimento feminino finlandês, mas também na França e Alemanha.

Além do respeito intelectual e político, o feminismo tem especial carinho pela maneira que Mill conduziu sua vida privada, renegando sempre todos os privilégios de que poderia usufruir por ser homem e pela relação de igualdade e companheirismo que manteve com **Harriet Taylor**, filósofa e defensora dos direitos das mulheres, que produziu a primeira petição requerendo votos para as mulheres,

---

[25] ROSSI, Alice. *Sentimiento e intelecto. La historia de John S Mill y Harriet Taylor Mill. Ensayos sobre la igualdad sexual.* Barcelona: Península, 1973, p. 84.

a quem amou por toda a vida e com quem manteve uma parceria intelectual tão intensa que muitas vezes é difícil determinar o quanto cada um escreveu do trabalho que produziram coletivamente. Nas palavras de Mill em sua introdução ao *Sujeição da Mulher* diz:

> (...) *o que no livro foi escrito por mim e que contém as passagens mais eficazes e profundas pretencem a minha esposa e provém do repertório de ideais que nos é comum e que foi resultado de nossas inúmeras conversas e discussões sobre um assunto que tanto ocupou nossa atenção.*[26]

A principal tese do livro, que os Mill desenvolveram não apenas com argumentos racionais mas também apelando para a emoção – pois como eles mesmos explicam, os preconceitos são dificilmente desmontados a partir da lógica – é a afirmação nítida das mulheres como indivíduos livres. Para ambos, o casamento, tal como estava regulamentado, era uma forma de prostituição e defendem a mudança na lei do matrimônio, o divórcio, e a necessidade de que as mulheres recebessem educação a fim de que pudessem obter independência financeira e somente por amor decidissem casar-se com um homem. Apoiavam a defesa da eliminação das restrições sobre a participação política da mulher e a escolha de suas profissões uma vez que isso não promoveria apenas seus interesses e melhoraria sua personalidade, mas também desenvolveria a sociedade integral, incluindo os homens.

O único ponto em que discordavam era sobre o direito das mulheres ao trabalho. Para Mill não era desejável carregar o mercado de trabalho com o dobro de competidores. Essa controvertida afirmação de Mill foi muito discutida por Harriet Taylor. Para ela, as mulheres não deveriam sofrer nenhum tipo de limite em suas atividades. Defende que, se houvesse igualdade, não seriam

---

26 CAMPILLO, Neus. Introdução. In: John S. Mill e Harriet Taylor Mill. *Ensayos sobre la igualdad sexual.* Col. Feminismos. Madrid: Cátedra, 2001, p. 11.

necessárias leis sobre o matrimônio, uma vez que as mulheres se formariam para trabalhar naquilo que quisessem.

Frente ao argumento que se discutia naquele momento: com a entrada das mulheres no mercado de trabalho os salários seriam rebaixados, ela defende que mesmo que fosse assim e que o casal recebesse menos do que poderia ganhar somente o homem, se produziriam mudanças naquele casamento: a mulher passaria de serva a sócia. Para Harriet, a desigualdade das mulheres é um preconceito que se deve aos costumes e mantido pela lei dos mais fortes – pensamento que, como já vimos, também eram explicitados por Poulin de la Barre e Mary Wollstonecraft – mas ao que Harriet acrescenta que o sexo e o âmbito emocional fazem com que a dominação do homem sobre a mulher seja diferente de todas as demais.

Talvez seja o desenvolvimento dessa ideia na "sujeição da mulher" que proporciona a novidade e seu ponto de vista original: a dificuldade em acabar com essa desigualdade pela relação íntima e sentimental que se dá entre homens e mulheres. A peculiaridade da sujeição da mulher em relação a outras classes submetidas consiste em que seus amos não querem apenas serviços ou obediência mas também sentimentos. Para conseguir o objetivo dirigiram toda a força da educação para escravizar seu espírito:

> (...) *todas as mulheres são educadas desde a infância a não ter iniciativa, e a não realizar suas próprias vontades mas submeter-se e consentir na vontade dos demais* (...) *viver para os outros; e o sentimentalismo corrente, que sua natureza requer: deve negar a si mesma completamente e não viver senão para seus afetos.*[27]

Para os Mill, os seres humanos são livres e iguais. Desse ponto de vista seu trabalho se esforça em criticar e desarticular todas as formas de domínio das mulheres por parte dos homens.

---

[27] ÁLVAREZ, Ana de Miguel. *Alejandra Kollontai (1872-1953)*. Madrid: Edición del Orto, Biblioteca de Mujeres, 2001, p. 96.

O feminismo socialista

É fundamental ressaltar que no século XIX se dá um grande paradoxo. Por um lado as mulheres ficaram divididas. Como se costuma assinalar, o capitalismo alterou as relações entre os sexos. O novo sistema econômico incorporou massivamente as mulheres ao trabalho industrial como mão de obra mais barata e submissa do que os homens. Por seu turno, as burguesas ficaram enclausuradas em uma casa que era, cada vez mais, símbolo de *status* e êxito social do homem. As mulheres, majoritariamente as da classe média burguesa, experimentavam com crescente indignação sua situação de propriedade legal dos maridos e sua marginalização da educação e das profissões liberais, situação que, em muitas ocasiões, as conduzia, caso não contraíssem matrimônio, à pobreza.

Mesmo levando em consideração que, ao longo desse século, as diferenças entre feministas burguesas e proletárias ficassem cada vez mais marcadas, o feminismo ocupará um lugar de destaque no seio de outros grandes movimentos sociais: os diferentes socialismos e o anarquismo que se constituíram em um baluarte político e um elemento de amplificação dos temas e das ideias especificamente feministas.

As operárias são um problema para o sexismo, pois com elas nascem novas perguntas: o trabalho assalariado pode ser compatível com as mulheres? Que tipo de trabalhador era uma mulher? Devia ganhar o mesmo salário que os homens? A todas essas perguntas deveriam dar as respostas tanto os legisladores quanto as próprias feministas.

O socialismo como corrente de pensamento sempre levou em conta a situação das mulheres no momento de analisar a sociedade e projetar o futuro. Isso não significa que o socialismo seja necessariamente feminista, mas no século XIX se tornou difícil abraçar projetos igualitários radicais sem levar em conta a metade da humanidade.

O socialismo utópico

Os socialistas utópicos foram os primeiros em abordar o tema da mulher. O cerne de seu pensamento, assim como de todo o socialismo, é o de denunciar toda situação de miséria econômica e social em que vivia a classe trabalhadora. Em geral propõe a volta das pequenas comunidades em que possa existir certo tipo de autogestão (Fourier) e que se desenvolva a cooperação humana em um regime de igualdade que afete os dois sexos. Entretanto e apesar de reconhecer a necessidade de independência econômica das mulheres, muitas vezes não foram críticos o suficiente em relação à divisão sexual do trabalho. Apesar disso, sua repulsa em relação à sujeição das mulheres teve um grande impacto social e as teses de Fourier de que a situação das mulheres era o indicador-chave do nível de progresso e civilização de uma sociedade foi literalmente assumida pelo socialismo posterior.

Foi Anne Wheeler, em 1818, a intermediária entre o grupo de Saint Simon na França e os primeiros grupos de socialistas utópicos ingleses e autora do livro *Chamamento de ajuda às mulheres* de 1825. Nos anos 30 foram as inglesas Frances Wright e Frances Morrison quem representaram as ideias de William Thompson e Robert Owen. Esta é a primeira fase de colaboração entre o socialismo utópico e o feminismo. Pode-se dizer que, uma das grandes contribuições do socialismo utópico reside na enorme importância que concederam à transformação da instituição familiar. Condenavam a dupla moral e consideravam o celibato e o matrimônio indissolúvel como instituições repressoras e a causa de muitas injustiças e infelicidade. De fato, como assinala Mill, a eles cabe a honra de terem abordado sem preconceitos temas que outros reformadores sociais não se atreveram a discutir.

Flora Tristán (1803-1844)

Flora Tristan, autodidata, escritora e formuladora de planos precursores das lutas para a organização da classe operária, foi uma das mais importantes personalidades femininas do século XIX e luta revolucionária. Ainda que seja considerada pela maioria dos autores como socialista utópica, ela é uma mulher da transição entre o feminismo ilustrado e o feminismo de classe:

> *Tenho quase o mundo inteiro contra mim. Aos homens porque exijo a emancipação da mulher; aos proprietários, porque exijo a emancipação dos assalariados.*

Flora Tristán

Filha de um coronel espanhol e de uma francesa, nasceu em Paris em 7 de abril de 1803. Com a morte do pai, a família fica arruinada. Em 1818, obrigada pela mãe, casa-se com André Chazal, seu patrão, com quem terá uma união cheia de agressões tanto físicas quanto sexuais. Em 1838 obtém a separação judicial de bens. Nesse ano, consegue a separação de corpos judicial e é baleada pelo ex-marido em Paris, que acaba sendo condenado a 20 anos de trabalhos forçados, consagrando uma separação de fato que vem desde 1825, uma vez que, naquele momento, a lei francesa não previa o direito ao divórcio. Teve dois filhos e uma filha, Aline, que será a avó do grande pintor Paul Gauguin.

Em 1833, Flora decide viajar ao Peru para conhecer o irmão de seu pai, membro de família abastada no país, e tentar receber sua herança. Sua missão fracassa, mas a viagem lhe oferece a oportunidade de iniciar seus escritos com observações da vida peruana e dos conflitos políticos que presencia. Em 1835, já de volta à França, publica um folheto em defesa da causa da mulher *Nécessité de faire un bon accueil aux fémmes étrangères* (Necessidade de dar uma boa acolhida às mulheres estrangeiras). Nesse ano começa a tomar contato com escritores socialistas: conhece pessoalmente um dos grandes socialistas utópicos, Fourier, então com 63 anos, cujo conceito de que o grau de emancipação da mulher dá a medida da evolução de toda a sociedade foi tomado como princípio por Marx e Engels.

Em 1837, publica na mesma revista uma reportagem sobre Londres e a vida naquela cidade intitulada *Lettres à un architecte anglais* (Cartas a um arquiteto inglês). Nesse mesmo ano trava contato com o grande socialista utópico inglês Robert Owen. Flora, sobre a base de uma amarga experiência pessoal, envia a parlamentares liberais o texto *Petição para o restabelecimento do divórcio.* Em 1838 publica um dos seus trabalhos mais importantes, o livro de memórias *Péregrinations d'une paria* (Peregrinações de uma pária). Após recuperar-se do atentado que sofreu do ex--marido, Flora escreve outro texto político que manda a vários deputados, *Petição que tende à abolição da pena de morte.* Como resultado do incidente com Chazal, vê aumentar a sua fama, uma vez que aparece em vários jornais. Nesse mesmo ano, publica seu trabalho mais conhecido, o romance *Méphis,* também conhecido como *O proletário,* no qual com um romantismo exacerbado procura escrever uma verdadeira novela proletária, marcando uma tendência fundamental do romantismo de evoluir para as preocupações sociais e até mesmo socialistas. Em 1840 escreve *Promenades dans Londres* (Passeios por Londres) que consolida a sua fama como escritora. Na sua viagem à Inglaterra trava conhecimento com os líderes do movimento cartista e das lutas pela libertação da Irlanda como William Lovett, O'Conell e O'Connor. Consegue assistir a uma sessão do Parlamento britânico, onde era proibida a presença de mulheres, disfarçada de homem.

Flora divulga seus planos e teorias em muitas publicações, mas o livro que marca sua maturidade intelectual e política é sem dúvida *União operária* (1843). Trata-se de um livro de propaganda para a implementação – e a organização da unidade universal dos operários e das operárias – de um projeto que assume forma prática por meio de uma campanha de subscrições e da criação de comitês com o objetivo de constituir a unidade da classe operária:

> (...) *situar a classe operária em uma posição social que a ponha em condições de reivindicar seu direito ao trabalho, seu direito à instrução e seu direito à representação frente ao país, porque é muito claro que disto se depreendem naturalmente as demais melhorias.*[28]

Nesse livro expõe a situação de miséria do proletariado sob o capitalismo e, como parte da questão social, a situação da mulher operária como ser humano desprezado e diminuído na sociedade. Dedica um capítulo à exposição da situação das mulheres. Sustenta que

> *todas as desgraças do mundo provêm do esquecimento e do desprezo que até hoje se teve sobre os direitos naturais e imprescritíveis do ser mulher.*[29]

A originalidade do pensamento político de Flora reside em sua eleição por observar a mudança social do ponto de vista da classe operária e não, como era para Saint-Simon, do ponto de vista da burguesia progressista. Era interessada particularmente na condição

---

[28] TRISTÁN, Flora. *Unión obrera.* Cidade do México: Fontamara, 1993, p. 39.

[29] *Ibidem,* p. 43.

da mulher operária no âmbito da chamada família proletária que constituía para ela o objeto de base da ação política. Suas ideias principais podem ser resumidas na necessidade de os operários se unirem, formarem grupos, na incorporação da mulher no ativismo político, na necessidade de uma relação direta entre os intelectuais e o grupo de operários, ação conjunta entre homens e mulheres a partir das necessidades gerais da família proletária.

Flora propôs a união universal dos operários e operárias – de fato ela é considerada a precursora do internacionalismo – e a construção de um "Palácio da união operária", instituição autônoma que funcionasse como um centro de instrução para os operários e para seus filhos e como lugar de assistência e acolhida para operários idosos. Propôs a criação de publicações dirigidas pelos trabalhadores. Para financiá-las sugeriu que as mulheres formassem "A ordem da caridade das mulheres" diferenciando o conceito religioso de esmola de laicos e político de caridade e comprometerem-se em uma ação de financiamento e de inscrição que, favorecendo o nível de vida das mulheres e das famílias proletárias, haveria de repercutir positivamente em toda a sociedade. A partir de 1844, Flora inicia uma turnê de palestras e discussões para divulgar sua proposta e constituir comitês locais. Em Bordeaux, em meio a essa campanha, com a saúde extremamente debilitada, vem a falecer. O Livro de Tristán foi difundido por Engels em seu livro *A sagrada família* de 1844.

Às vésperas da revolução de 1848 (que Flora não verá), a efervescência política na classe operária francesa se manifesta em um socialismo que mistura as tendências do socialismo moderno, apoiado na classe operária, cuja expressão acabada será o marxismo.

O socialismo marxista

Em meados do século XIX, começou a impor-se no movimento operário o socialismo de inspiração marxista ou científico. O marxismo articulou a chamada "questão feminina" em sua teoria geral da história e ofereceu uma nova explicação sobre a origem da opressão das mulheres e estratégia para a sua emancipação. Entretanto, o marxismo não tem nenhuma capacidade explicativa para analisar outro sistema: o patriarcado, a dominação dos homens sobre as mulheres. Desse modo, tanto Marx quanto Engels descrevem a opressão da mulher como econômica. Na obra de Marx, a emancipação das mulheres não ocupa tempo nem espaço e quando trata do assunto o faz como apêndice da emancipação do proletariado.

Friedrich Engels tentou tratar a questão e seus esforços estão na obra *Origem da família, da propriedade privada e do estado*, publicada em 1844. Para esse autor, a origem da sujeição das mulheres não estaria em causas biológicas – a capacidade reprodutora ou a sua constituição física –, mas sim sociais: concretamente na origem da propriedade privada e sua exclusão da esfera de produção social. Desse modo, a emancipação das mulheres está ligada ao seu retorno à produção e sua independência econômica.

Essa análise, que apoiava a incorporação das mulheres à produção, não deixou de ter inúmeros detratores no próprio âmbito socialista. Utilizavam-se diferentes argumentos para opor-se ao trabalho assalariado das mulheres: a necessidade de proteger as operárias da sobre-exploração de que eram objeto, o elevado índice de abortos e mortalidade infantil, o aumento do desemprego masculino, o achatamento dos salários.

Porém como assinalou August Bebel apesar da teoria, nem todos os socialistas apoiavam a igualdade entre os sexos. Para esse autor, havia muitos socialistas para quem a emancipação da mulher era tão terrível quanto o capitalismo:

> *há socialista que se opõe à emancipação das mulheres com a mesma obstinação que os capitalistas ao socialismo. Todo socialista reconhece a dependência do trabalhador em relação ao capitalista* (...)

mas este mesmo socialista frequentemente não reconhece a dependência das mulheres em relação aos homens porque essa questão atinge o âmago de seu ser.[30]

Bebel estimulou mais do que Marx e Engels a igualdade de direitos e o sufrágio feminino ainda que não tenha dado o passo definitivo sobre a liberdade das mulheres. Para ele, nas futuras sociedades socialistas as mulheres realizariam tarefas adaptadas às suas capacidades mas insistia que seriam diferentes das dos homens.

Por outro lado, o socialismo insistia nas diferenças que separavam as mulheres das diversas classes sociais. Desse modo, ainda que as socialistas apoiassem as demandas das sufragistas, também as consideravam inimigas de classe e as acusavam de esquecer a situação das operárias, o que acabava provocando rachaduras sérias no movimento. Além disso, a relativamente poderosa infra-estrutura com que contavam as feministas burguesas e a força de sua mensagem também eram uma reivindicação das operárias que acabavam por apoiá-las. Logicamente uma das tarefas das socialistas foi a de romper essa aliança.

Os alicerces de um movimento socialista realmente feminino foram postos pela alemã Clara Zetkin (1854-1933), que dirigiu a revista feminina *Die Gliechhteit* (Igualdade) e organizou uma Conferência Internacional de Mulheres em 1907.[31] Clara foi uma militante comunista ativa que teve muito mais importância na prática do que na teoria feminista. Escreveu principalmente panfletos e conferências já que sua intenção era persuadir as massas.

Para ela, os problemas das proletárias tinham a ver somente com o sistema econômico e a exploração capitalista. Entretanto,

---

[30] ÁLVAREZ, Ana de Miguel. *Alejandra Kollontai (1872-1953)*. Madrid: Edición del Orto, Biblioteca de Mujeres, 2001, p. 232.

[31] Que se mantém viva até hoje apesar de ter trocado de nome em 1978 por Internacional Socialista de Mulheres.

defendia o apoio às reivindicações do movimento feminista burguês, especialmente o direito ao voto. Para Clara a grande contribuição do marxismo às mulheres é o de defender a inserção destas no sistema de produção. Mas como vimos expresso no pensamento de Bebel, este ideal não era compartilhado por todos os socialistas. Ela inclusive teve problemas dentro de seu próprio partido como demonstra uma crítica que sofreu de Lênin:

> *Clara, ainda não acabei de enumerar a listas de vossas falas. Disseram-me que nos serões de leitura e discussão com as operárias se examinam preferencialmente os problemas sexuais e do casamento. Como se este fosse o objetivo da atenção principal na educação política e no trabalho educativo. Não pude acreditar quando estas notícias chegaram aos meus ouvidos. O primeiro estado da ditadura do proletariado luta contra todos os revolucionários do mundo... Enquanto isso comunistas ativas examinam os problemas sexuais e a questão das formas de matrimônio no presente, no passado e no futuro!*[32]

No final do século XIX, o divórcio entre o sufragismo e o socialismo na Europa era patente. Apesar de terem reivindicações comuns, as estratégias eram muito diferentes. Desse modo, se desenvolveu um feminismo de classe, socialista e comunista paralelo ao feminismo sufragista. Entretanto, e apesar de seus enfrentamentos com as sufragistas, existem numerosos testemunhos do dilema que se apresentava às mulheres socialistas. Ainda que uma das suas principais teses fosse a ideia de que a emancipação das mulheres era impossível no capitalismo – exploração laboral, desemprego crônico, dupla jornada, etc. – eram conscientes de que para suas camaradas e para a direção do partido a "questão feminina" não era precisamente prioritária. Na verdade, era considerada questão de superestrutura, que se solucionaria automaticamente

[32] Apud ÁLVAREZ, Ana de Miguel. *Op. cit.*, p. 95-96.

com a socialização dos meios de produção. Isso não impediu que as mulheres socialistas se organizassem dentro de seus próprios partidos; se reunissem para discutir seus problemas específicos e criassem, apesar de que a lei proibia sua afiliação a partidos, organizações femininas. Os marxistas acreditavam que o importante era a revolução do proletariado e não a das mulheres e davam como certo que, conseguida a primeira, a outra estava certa. Muitas mulheres suspeitavam que as coisas não sucedessem dessa forma depois de tantas traições acumuladas ao longo de mais de um século de luta. A história lhes daria razão.

Alexandra Kollontai

Alexandra Kollontai

Alexandra Kollontai, bolchevique e feminista, foi quem deu um passo mais além dentro do marxismo e suas ideias se aproximaram muito ao que seria o feminismo radical dos anos 70. Nascida em 1872 em uma família abastada, deixa seu marido e filho para ingressar em uma luta que jamais abandonaria. Ingressou no partido social-democrata na facção menchevique, ilegal naqueles dias. Trabalhava como escritora e propagandista a favor da classe operária e também pela liberação das mulheres. Desse modo, assumiu uma dupla missão que marcaria sua vida: lutar contra o potente movimento feminista de sua época tentando atrair as feministas ao partido e, ao mesmo tempo, contra a indiferença da classe operária e seus dirigentes pela opressão das mulheres.

Relata em suas memórias algumas de suas estratégias. Ela inaugurou em 1907 o primeiro Círculo de Operárias e em dezembro de 1908 teve lugar em São Petersburgo, convocado pelas feministas burguesas, o Primeiro Congresso Feminino de todas as Rússias. Alexandra não pôde comparecer porque havia uma ordem de prisão contra ela, e teve que exilar-se (exílio que durou até 1917), mas preparou a intervenção de um grupo de operárias. Estas tomaram a palavra para ressaltar a especificidade da problemática das mulheres trabalhadoras e quando se propôs a criação de um centro feminino interclassista, abandonaram ostentosamente o congresso.

O mais significativo de sua obra foi colocar em um primeiro plano teórico a igualdade sexual e mostrou sua inter-relação com o triunfo da revolução socialista. Tomando as palavras de Marx, para ela construir um mundo melhor significava edificar um homem novo. Defendeu o amor livre, salários iguais para as mulheres, a legalização do aborto e a socialização do trabalho doméstico e do cuidado com as crianças.

É importante ressaltar que foi ela – ministra no primeiro governo de Lênin – quem alertou sobre o rumo preocupante que estava tomando a revolução feminista na Rússia. A igualdade entre os sexos havia sido estabelecida por decreto, mas nenhuma medida específica estava sendo tomada, tal e como ela postulava contra o que hoje chamaríamos de ideologia patriarcal.

Os anarquistas

O anarquismo não articulou com tanta precisão teórica como o socialismo a problemática da igualdade entre os sexos. Proudhom, um de seus maiores representantes, chegou a defender ideias anti-igualitaristas. Entretanto, como movimento social contou com numerosas mulheres que contribuíram na luta pela igualdade. Uma das ideias mais recorrentes entre as anarquistas era a de que as mulheres se libertariam graças a sua própria força e esforço individual. Desse modo, a ênfase colocada em viver de acordo com suas próprias convicções propiciou autênticas revoluções na vida cotidiana de mulheres que orgulhosas se autodesignavam "mulheres livres". Consideravam que a liberdade era o princípio básico de tudo e que as relações entre os sexos deveriam ser absolutamente livres. Sua rebelião contra a hierarquização, a autoridade e o Estado as levava por um lado, e frente às sufragistas, a minimizar a importância do voto e das reformas institucionais; por outro, viam como um enorme perigo ao que seu juízo propunham os comunistas: a regulação por parte do Estado da procriação, da educação, do cuidado das crianças.

Emma Goldman

Dizem que Emma Goldman (1869-1940) foi presa tantas vezes que cada vez que falava em público levava um livro para ler na prisão. Seu maior delito: ser mulher e anarquista representante das "mulheres livres". Fugiu da Rússia para os Estados Unidos deixando para trás um casamento imposto por seu pai quando tinha 15 anos. Nessa época já trabalhava como operária e havia se unido ao movimento feminista das mulheres revolucionárias que ali conheceu. Já nos Estados Unidos começou a interessar-se pelo anarquismo. A partir de então em todos os seus escritos une os dois pensamentos.

Para Emma, pouco vale o acesso ao trabalho assalariado ou ao voto se as mulheres não forem capazes de vencer todo o peso da ideologia tradicional em seu interior. Para ela o importante era uma revolução que surgiria das próprias mulheres, não tanto pela conquista do poder, mas sim da liberdade, do peso dos preconceitos e das tradições. Seu feminismo estava mais próximo das ideias das feministas da década de 70 do que de suas contemporâneas, já que sua análise sobre a condição de oprimida das mulheres se centrava no problema sexual. Esta era a arma mais importante que a sociedade esgrimia contra a mulher. Em 28 de março de 1915 ante um público misto de 600 pessoas em Nova York, explicou, pela primeira vez em toda a América, como se usava um anticonceptivo. Foi presa imediatamente e, depois de um julgamento sensacional, ela pôde eleger entre passar 15 dias em uma oficina penitenciária ou pagar uma multa de 100 dólares. Preferiu a prisão e todos os presentes a aplaudiram. A imprensa publicou o fato dizendo: "*Goldman foi enviada à prisão por defender que as mulheres nem sempre devem manter a boca fechada e seu útero aberto*".

Emma Goldman

Ela foi deportada depois da Primeira Guerra Mundial por suas denúncias sobre o conflito bélico, e dedicou o resto da vida a combater pelo anarquismo, primeiro na Rússia bolchevique e depois na Espanha durante a guerra civil.

4 A terceira onda

O vazio entreguerras

As inglesas conseguiram o voto depois da Primeira Guerra Mundial (1914-1918). O fim da guerra também marcou o fim do império austro-húngaro, fato que trouxe consigo reformas bastante progressistas, o voto feminino entre elas. Em 1917 começa a Revolução Russa. De fato, toda a ordem europeia se desmoronou antes da Segunda Guerra Mundial (1939-1945). Quando esta terminou, na maioria dos países desenvolvidos e naqueles em que haviam se dado processos de descolonização, o voto das mulheres já era realidade.

O período entreguerras está marcado pela decadência dos movimentos feministas. Muitas de suas demandas haviam sido satisfeitas, viviam em uma sociedade legalmente quase igualitária e muitas mulheres abandonaram a militância. Outras continuaram trabalhando, fundamentalmente, com os problemas econômicos e nas reformas das leis sobre a infância e a maternidade. De fato, as feministas não puderam competir com os partidos políticos institucionalizados. Além disso, com o triunfo da revolução bolchevique o "medo vermelho" se estendeu entre as classes médias de muitos países e as feministas se viram afetadas, acusadas de subversivas.

Deve-se somar a isso o fato de que a taxa de natalidade estava caindo desde o começo do século XX e, nos países industrializados, se culpou a independência cada vez maior das mulheres. Acusavam as feministas de destruir os cimentos da nação e da família. O fato é que deram o feminismo como morto. A segunda onda estava concluída.

Foi a obra de Simone de Beauvoir, concretamente *O segundo sexo* de 1949, que colocou as bases teóricas para uma nova etapa. Tanto sua vida quanto sua obra são paradigmáticas das razões do ressurgimento do feminismo.

Simone de Beauvoir

Como a própria Simone declarou em várias ocasiões, até que resolveu redigir *O segundo sexo* não tinha plena consciência de sofrer discriminação pelo fato de ser mulher. Não se considerava feminista, nem tinha nenhuma intenção política ou reivindicativa com ele. A filósofa havia realizado uma brilhante carreira acadêmica. E era reconhecida tanto como filósofa como escritora. Onde estava então a desigualdade, a opressão? A autora conta em sua autobiografia que em conversas com mulheres de 40 anos, todas tinham o sentimento de que haviam vivido como "seres relativos", o que a fez pensar nas dificuldades, nas armadilhas e nos obstáculos que a maioria das mulheres encontrava em seu caminho. Então quando completou 40 anos, sentiu vontade de escrever sobre ela mesma e antes de começar refletiu sobre o que significava para ela mesma o fato de ser mulher: "*Nunca havia tido sentimentos de inferioridade, a feminilidade nunca havia sido um peso para mim*". Em uma conversa com Sartre, ele lhe disse que não havia sido educada como homem, o que a fez voltar a refletir.

Simone de Beauvoir

Dessa reflexão nasceu *O segundo sexo,* um trabalho de fôlego em dois volumes que constitui um dos textos clássicos do feminismo contemporâneo. Pode-se dizer que boa parte do feminismo da segunda metade do século XX foi marcada profundamente por essa obra, não apenas porque coloca de pé novamente o feminismo depois da Segunda Guerra mas também porque é o estudo mais completo sobre a condição feminina escrito até aquele momento.

Efetivamente, quando Beauvoir escreve *O segundo sexo*, o feminismo estava desarticulado. Parecia que não tinha razão de ser, uma vez que os objetivos do sufragismo haviam sido conseguidos. Por essa razão muitas teóricas não sabem onde colocar essa obra, se como arremate do sufragismo ou como pioneira da terceira onda. Talvez este seja um de seus grandes méritos. Simone não escreve para um público militante, seu livro não é uma obra de consignas, mas *um trabalho explicativo sem pausas*.

Longe de reivindicar direitos, como havia feito o feminismo até então, a filósofa explica e convence. Mas não imediatamente. O ensaio não foi grandemente aceito na França até que, traduzido ao inglês, as feministas norte-americanas ficaram extremamente entusiasmadas. Em pouco tempo, foram vendidos milhões de exemplares e os volumes foram traduzidos em 16 idiomas. Convenceu até a própria autora, que quando o escreveu falava das mulheres como "elas", mas nos anos seguintes, na medida em que foi recebendo cartas de leitoras de mundo inteiro lhe agradecendo, mudou de ideia. Foi assim que *O segundo sexo* tornou feminista sua própria autora.

Mas o que diz o livro? Nele se recorre boa parte dos temas com os quais o feminismo trabalha até hoje. A autora expõe a teoria de que a mulher historicamente tem sido considerada como a *outra* em relação ao homem sem que esse fato suponha uma reciprocidade, como ocorre no resto dos casos. Por exemplo: se para um povo, os outros são os estrangeiros, para estes estrangeiros, outros são os que lhes chamam assim. Ou seja, o sentimento de alteridade é recíproco. Com a mulher não ocorre isso. O homem em nenhum caso é o outro, ao contrário, ele é o centro, a medida e a autoridade – esta ideia será a que o feminismo chamará de androcentrismo: o homem como medida de todas as coisas. A autora utiliza a categoria de outra para descrever qual é a posição da mulher em um mundo masculino em que os homens são os detentores do poder e os criadores da cultura. Esta categoria é universal, uma vez que está em todas as culturas.

Chega à conclusão de que a mulher precisa ser ratificada pelo homem a todo momento, o homem é o essencial e a mulher está sempre em relação de assimetria com ele. E desenvolve o conceito de *heterodesignação*, uma vez que considera que as mulheres compartilham uma situação comum: os homens lhes impõem que não assumam sua existência como sujeitos, mas que se identifiquem com a projeção que nelas fazem de seus desejos.

Todo o primeiro volume é dedicado a esses conceitos, interdisciplinares por natureza e que será a marca da terceira onda do feminismo. O feminismo posterior não se dedicará apenas à reivindicação, mas indagará todas as ciências e disciplinas da cultura e do conhecimento como fez Simone. Para chegar às conclusões do primeiro volume, a autora estuda tanto as ciências biológicas quanto as humanas: da biologia ao materialismo histórico e traça um panorama da cultura ocidental pelos mitos. Conclui que não há nada de biológico nem de natural que explique a subordinação das mulheres, o que aconteceu é que a cultura deu mais valor a quem arriscava a vida – que é o que faziam os homens nas guerras e na conquista de novos territórios – do que quem lhes dava a vida – que é que o faziam as mulheres com seu poder de conceber. Depois desse trabalho de análise, inicia o segundo volume com a famosa frase: "*Não se nasce mulher, torna-se*".

Esta é a base sobre a qual o feminismo posterior construirá a teoria do gênero. Com Poulin de la Barre até Wollstonecraft e Harriet Taylor já se havia afirmado que não há nada na biologia que justifique a discriminação feminina e que uma coisa era o sexo – diferenças biológicas – e outra coisa era o que a cultura dizia que tinham que ser e como deviam se comportar como homem ou mulher. Ninguém havia exposto essas questões de maneira tão profunda, simples e resumida. Ela separa natureza da cultura e aprofunda a ideia de que o gênero é uma construção social, ainda que ela não utilize a palavra gênero.

O segundo sexo será o alicerce do feminismo dos anos 50 e se converteu no livro mais lido pela nova geração de feministas, constituída pelas filhas, já universitárias, das mulheres que obtiveram depois da Segunda Guerra Mundial o direito ao voto e à educação. Serão estas mulheres que protagonizarão a terceira onda do feminismo.

A mística feminina

Ao mesmo tempo que foi pioneira, Simone de Beauvoir constitui um brilhante exemplo de como a teoria feminista supõe uma transformação revolucionária de nossa compreensão da realidade. E que não se pode subestimar as dificuldades que experimentaram as mulheres para descobrir e expressar os termos de sua opressão na época da igualdade legal.

Esta dificuldade foi retratada com infinita precisão pela norte-americana Betty Friedan: o problema das mulheres era o problema que *"não tem nome"* e o objeto da teoria e da prática feminista da terceira onda foi justamente o de nomeá-lo.

Nos Estados Unidos, as mulheres foram inseridas no espaço público em particular no mundo do trabalho massivamente durante a Segunda Guerra, mas assim que esta terminou, tiveram que voltar para casa. Hitler havia perdido, mas o discurso nazista sobre as mulheres, os célebres KKK alemães (*kinder*, *Kirche*, *Kurcher*, que significam crianças, igreja e cozinha), se estendeu praticamente pelo mundo todo.

De novo reinava a domesticidade obrigatória. As mulheres foram dispensadas de seus empregos para dar lugar aos homens que voltavam da guerra. A sociedade do consumo que estava nascendo necessitava de muitas mulheres dispostas a comprar. Perfeitas donas de casa que necessitavam de perfeitos eletrodomésticos.

Efetivamente havia um grave problema e foi Betty Friedan quem detectou, pesquisou e colocou-lhe um nome. Betty em sua também volumosa obra *A mística feminina* de 1963, analisou a profunda insatisfação das mulheres norte-americanas consigo mesmas e com sua vida e como elas a traduziam em problemas pessoais manifestados em diversas patologias autodestrutivas: ansiedade, depressão, alcoolismo. No entanto, para ela o problema é um problema político: *A mística feminina* – reação patriarcal contra o sufragismo e a incorporação das mulheres na esfera pública durante a Segunda Guerra – que identifica a mulher como mãe e esposa e com isso cerceia toda possibilidade de realização pessoal e culpabiliza todas aquelas que não são felizes vivendo somente para os demais:

> *A mística feminina afirma que o valor mais alto e a única missão das mulheres é a realização de sua própria feminilidade. Assegura*

que esta feminilidade é tão misteriosa e intuitiva e tão próxima a criação e a origem da vida que a ciência criada pelo homem talvez nunca chegue a entendê-la. Mas por mais especial e diferente que seja, não é, de maneira alguma, inferior à natureza do homem; aliás pode ser que seja, em alguns aspectos, superior. O erro, afirma esta mística, a raiz dos problemas das mulheres no passado, residia em que as mulheres invejavam os homens, tentavam ser iguais a eles ao invés de aceitarem sua própria natureza, que só pode encontrar sua total realização na passividade sexual, a submissão ao homem e em consagrar-se amorosamente à criação dos filhos.[33]

O livro se centrou apenas nas mulheres da classe média dos Estados Unidos. Não teorizava sobre o patriarcado nem apresentava estratégias alternativas de vida, mas no mundo todo, depois de inúmeras traduções, se converteu em um clássico do feminismo. Sua importância estava em decifrar com lucidez o papel opressivo que se havia imposto às mulheres e analisar o mal-estar e o descontentamento feminino.

A autora afirmava de maneira clara que a nova mística convertia o modelo dona-de-casa-mãe-de-família em obrigatório para todas as mulheres. Não é um livro complexo, tem uma linguagem clara e analisa a vida cotidiana. Escrutina tudo o que parecia significativo: das revistas femininas às heroínas de Hollywood. Por isso facilitou a milhões de donas de casa em diferentes países referências comuns com outras mulheres, o que lhes permitiu identificar sua situação de opressão como experiência já não mais pessoal, mas sim coletiva. *A mística feminina* foi como um detonador de um novo processo de conscientização feminista ao criar uma identidade coletiva capaz de gerar um movimento social liberador.

---

[33] FRIEDAN, Betty. *La mística de la feminidad.* Barcelona: Ediciones Sagitario, 1965, p. 57.

Feminismo liberal

Betty Friedan fundou, em 1966, aquela que chegou a ser uma das organizações feministas mais poderosas dos Estados Unidos e sem dúvida a máxima representante do feminismo liberal: a Organização Nacional para as Mulheres (NOW). O feminismo liberal se caracteriza por definir a situação das mulheres como desigual – e não de opressão e exploração – e por postular a reforma do sistema até conseguir a igualdade entre os sexos. As liberais começaram definindo o problema principal das mulheres como sendo o de sua exclusão da esfera pública e reivindicavam reformas relacionadas com a inclusão das mesmas no mercado de trabalho. Desde o principio tiveram um setor destinado a formar e promover as mulheres para ocupar cargos públicos.

Pouco tempo depois de a NOW ser criada, a influência do feminismo radical empurrou as mais jovens a juntar-se a ele e a abandonar as liberais. Mais tarde, com o declínio do feminismo radical nos Estados Unidos, o reciclado feminismo liberal teve um importante protagonismo e chegou a converter-se na "*voz do feminismo como movimento político*".[34]

O feminismo radical

Os anos 60 foram de intensa agitação política. O sonho americano havia se convertido em pesadelo, depois do assassinato de Kennedy e dos protestos contra a Guerra do Vietnã. As contradições

[34] A NOW terminou por abraçar a tese de que "o pessoal é político" e a organização de grupos de autoconsciência, que, como veremos a seguir, foram dois dos estandartes básicos do feminismo radical que inicialmente rejeitavam.

de um sistema que tem sua legitimação na universalização de seus princípios, mas que na realidade é racista, classista, imperialista, motivaram a formação da chamada Nova Esquerda e de diversos movimentos sociais radicais como o antirracista, o estudantil, o pacifista e, claro, o feminista.

A característica que marcou todos esses movimentos foi seu caráter eminentemente contracultural: não estavam interessados na política reformista dos grandes partidos, mas sim em forjar novas formas de vida – que prefigurasse a utopia comunitária de um futuro que divisavam – e também do novo homem. Muitas mulheres tomaram parte desses movimentos de emancipação. Em boa medida, o gênesis do Movimento de Liberação da Mulher deve ser buscado em seu crescente descontentamento com o papel que as mulheres ocupavam em tais movimentos:

> *Da maneira que acreditávamos estar envolvidas na luta para a construção de uma nova sociedade, foi para nós um lento despertar e uma deprimente constatação descobrir que realizávamos o mesmo trabalho no movimento do que fora dele: datilografando os discursos dos homens, fazendo café e não política.*

As mulheres enfrentavam a sua invisibilização como líderes, os debates eram dominados pelos homens e suas vozes não eram escutadas. A opressão era analisada apenas do ponto de vista de classe. O sexismo ou era motivo de piada ou não entrava nos debates teóricos. Desse modo, as questões que afetavam diretamente as mulheres (sexualidade, divisão do trabalho doméstico, opressão) não eram discutidas. Mais uma vez, foi por meio do ativismo político junto aos homens – como em seus dias as sufragistas na luta pela abolição – que as mulheres tomaram consciência da peculiaridade de sua opressão. Posto que o novo homem estivesse por nascer, a nova mulher – de quem tanto falou Alexandra Kollontai no começo do século – decidiu começar a reunir-se por sua própria conta.

A primeira decisão política do feminismo foi a de organizar-se de maneira autônoma, separar-se dos homens. Decisão que resultou na constituição do Movimento de Liberação da Mulher.

O feminismo radical norte-americano se desenvolveu entre 1967 e 1975 e, apesar da rica heterogeneidade teórica e prática dos grupos em que se organizou, partiu de um projeto comum. Em relação aos fundamentos teóricos, devem-se citar duas obras fundamentais: a *Política sexual* de Kate Millet e a *Dialética da sexualidade* de Shulamith Firestone, publicadas em 1970. Foi esta ultima autora quem formulou o feminismo como um projeto radical, em seu sentido marxista: queriam tomar as coisas pela raiz, ou seja, pela própria raiz da opressão.

Armadas das ferramentas teóricas do marxismo, da psicanálise e do anticolonialismo, essas obras desenvolveram conceitos fundamentais para a análise feminista como o de patriarcado, gênero e "casta sexual."

Deve-se ressaltar que o interesse pela sexualidade diferencia o feminismo radical tanto da primeira quanto da segunda onda do feminismo e das feministas liberais da NOW. Para as radicais não se tratava apenas de ganhar o espaço público, mas também era necessário transformar o espaço privado. Identificaram como centros da dominação patriarcal esferas da vida que até então se consideravam privadas. A elas corresponde o mérito de terem revolucionado a teoria política ao analisar as relações de poder que estruturam a família e a sexualidade e sintetizam esta ideia no *slogan*: "*O pessoal é político*".

Consideravam que todos os homens, e não apenas os de elite, recebiam benefícios econômicos, sexuais e psicológicos do sistema patriarcal, mas em geral acentuavam a dimensão psicológica da opressão. Essa ideia está expressa no manifesto fundador do New York Radical Feminist (1969), Politics of the Ego:

Pensamos que o fim da dominação masculina é obter satisfação psicológica para o ego, secundariamente isto se manifesta nas relações econômicas.

Além de revolucionar a teoria política e feminista, as radicais fizeram três contribuições: os grandes protestos públicos, o desenvolvimento de grupos de autoconsciência e a criação de centros alternativos de ajuda e autoajuda.

O primeiro protesto público que converteu o Movimento de Liberação das Mulheres em notícia foi em 1968 quando um grupo realizou uma marcha de protesto contra o concurso de Miss América. Nessa manifestação contra a apresentação da mulher como objeto estereotipado, atiraram cosméticos, sapatos de saltos altos e sutiãs naquilo que chamavam "lixeira da liberdade". Queriam romper com o tradicional modelo de feminilidade e reivindicar a diversidade das mulheres e de seus corpos.

O ativismo dos grupos radicais foi, em mais de um sentido, espetacular: manifestações e marchas de mulheres, grandes atos de protestos e sabotagem que colocavam em evidência o caráter de objeto e mercadoria da mulher no patriarcado capitalista. Com atos como o descrito, sabotagens de comitês de especialistas sobre o aborto formado por 14 homens e uma freira, as radicais conseguiram que a voz do feminismo entrasse em todos e cada um dos lares estadunidenses.

Essa forma de desobediência civil se converteu em uma nova modalidade de protesto feminista. Seu objetivo era óbvio, queriam trazer à luz todos os mecanismos que ajudavam a manter a opressão feminina e que continuavam ocultos. Além disso, queriam sensibilizar toda a população sobre suas reivindicações. Apesar de ter nascido nos Estados Unidos, o feminismo radical se espalhou pelo mundo. Especialmente no que tange aos problemas mais difíceis de mudar como eram os direitos sexuais e reprodutivos.

Entre as mobilizações mais significativas estão aquelas em que as mulheres se autodenunciavam como autoras de atos considerados criminosos como forma de demonstrar que estes na verdade eram direitos arrebatados. Desse modo em 1971 foi publicado na França o "Manifesto das 343 Salopes", no qual as mulheres ratificavam uma confissão aberta: *"Eu abortei"*.

Essas mobilizações tiveram um grande impacto na opinião pública. Conseguiram converter em político aquilo que tinha a ver com a subordinação. Essas mobilizações aparentemente realizadas de forma espontânea em todos os países foram cuidadosamente planejadas e eram extremamente simbólicas e subversivas.

Se as mobilizações conseguiram modificar a opinião pública, a organização de grupos de autoconsciência alterou as mulheres. A maior parte das autoras considera que a formação destes grupos e o desenvolvimento dessa prática em diversos países da Europa e América Latina foram uma das contribuições mais significativas deste movimento.

Essa prática começou no New York Radical Women (1967) e foi Sarachild quem lhe deu o nome de "consciousness-raising". Consistia em que cada mulher do grupo explicasse as formas com que experimentavam e sentiam sua opressão. O propósito desses grupos era "despertar a consciência latente que "(...) *todas as mulheres temos sobre a nossa opressão"*, para propiciar a *"reinterpretação política da própria vida"* e colocar as bases para sua transformação".

O que pretendiam com esse trabalho era que as mulheres dos grupos se tornassem especialistas em sua opressão: estavam construindo a teoria a partir da experiência pessoal e não do filtro de ideologias prévias. Outra função importante desses grupos foi a de contribuir à revalorização da palavra e das experiências de um coletivo sistematicamente subordinado e humilhado ao longo da história.

O movimento feminista deve tanto a essas obras escritas quanto a esta organização singular: os grupos de encontro em que apenas mulheres desgrenhavam, conturbada e parcimoniosamente, semana a semana, a série de humilhações que tentam compreender como parte de uma estrutura teorizável.

No entanto, os diferentes grupos radicais variavam em sua apreciação quanto a essa estratégia. Mehrhof, membro do grupo Redstockings (1969), considerava que *"a autoconsciência tem a habilidade de organizar um grande número de mulheres para nada"*. Depois de acalorados debates internos autoconsciência e ativismo se configuraram como opções opostas".

Outra atividade não tão espetacular, mas de consequências enormemente benéficas para as mulheres foi a criação de centros alternativos de ajuda e autoajuda. As feministas não apenas criaram espaços próprios para estudar e organizar-se, mas desenvolveram trabalhos em saúde e ginecologia não patriarcais animando as mulheres a conhecer seu próprio corpo. Também fundaram creches, centros para mulheres espancadas, centros de defesa pessoal e uma longa lista de etc.

Uma das características mais importantes dos grupos radicais foi seu impulso igualitarista e anti-hierárquico: nenhuma mulher é melhor que outra. De fato, as líderes eram malvistas e uma das constantes observações nas organizações era colocar regras que evitassem o predomínio das mais dotadas ou preparadas.

Essa forma de entender a igualdade trouxe muitos problemas aos grupos: um dos mais importantes foi a admissão de novas militantes. As novas militantes podiam, assim que fossem aceitas, começar por questionar o manifesto fundador. O resultado era um estado permanente de debate interno, enriquecedor para as novas, mas tremendamente paralisante para as veteranas. O igualitarismo se traduziu em que mulheres sem nenhuma experiência política e recém-chegadas ao feminismo se encontrassem em uma situação de poder criticar duramente como "elitista" a uma experiente militante como Shulamith Firestone. Isso resultou na expulsão da maior parte das líderes dos grupos que haviam fundado. Jo Freeman soube refletir essa experiência pessoal em sua obra *A tirania da falta de estrutura.*

Essa negação da diversidade das mulheres é tida como uma das causas do declínio do feminismo radical. A tese da irmandade de todas as mulheres unidas por uma experiência comum também se viu ameaçada pela polêmica aparição dentro dos grupos da questão de classe e do lesbianismo. Em última instância, foram as rachaduras internas e o desgaste do movimento que trouxeram em meados dos anos 70 o fim do ativismo radical ou pelo menos o rachou em dois: o que dividiu as feministas entre políticas e feministas.

No início, as "políticas" eram maioria, mas a partir de 1968 muitas foram tornando-se mais "feministas". Para as políticas, a opressão das mulheres deriva do capitalismo ou do Sistema (com maiúscula), motivo pelo qual os grupos de liberação deveriam permanecer conectados e comprometidos com o Movimento; na verdade, consideravam o feminismo uma ala a mais da esquerda. Numerosas obras da década de 70 declaram sua tentativa de conciliar teoricamente feminismo e socialismo e defendem a complementaridade de suas análises.

As feministas socialistas chegaram a reconhecer que as categorias analíticas do marxismo são "cegas ao sexo", mas também consideravam que o feminismo era cego para a história e para a experiência das mulheres trabalhadoras, imigrantes ou não brancas. Daí a necessidade de fazerem uma aliança mais progressiva entre as análises de classe, gênero e raça. Costuma-se considerar que a elas, a suas experiências e conexões se deveram muitos dos êxitos organizativos do feminismo.

As "feministas" se manifestavam contra a subordinação à esquerda, uma vez que identificavam os homens como os beneficiários de sua dominação. Não que elas não fossem de esquerda, mas eram bastante críticas em relação ao recalcitrante sexismo e à tópica interpretação do feminismo em um leque de possibilidades que iam desde sua mera consideração como questão periférica até a mais perigosa qualificação de contrarrevolucionário.

As intermináveis e acaloradas discussões sobre qual era a contradição ou o inimigo principal caracterizaram o desenvolvimento do feminismo dos anos 70 não apenas nos Estados Unidos mas também na Europa. A lógica dos debates era similar: enquanto as mais feministas tentavam mostrar as políticas que a opressão das mulheres não era somente uma simples consequência do Sistema, mas sim um sistema específico de dominação em que a mulher é definida a partir do homem, as políticas não podiam deixar de ver os homens também como vítimas do Sistema e de enfatizar esta ideia no enfrentamento com estes.

No caso concreto dos Estados Unidos, as políticas escondiam um medo que sempre pesou sobre as mulheres de esquerda: o de que os companheiros homens, depositários do poder simbólico para dar ou retirar denominações de origem progressista, interpretassem um movimento só de mulheres como reacionário e liberal. De fato, é importante esclarecer que, na hora de buscar uma denominação, o termo feminista foi inicialmente repudiado por algumas radicais. A questão estava em que o associavam com o que consideravam a primeira onda do feminismo, o movimento sufragista, que desprezavam como burguês e reformista.

Shulamith Firestone, uma das principais teóricas e líder de vários grupos radicais, foi a primeira a reivindicar o sufragismo afirmando que este foi sim um movimento radical e que sua história tinha sido enterrada por razões políticas.

Quando, por fim, os dois movimentos se separaram, o nome de feminismo radical passou a designar os grupos e as posições teóricas das "feministas".

Os anos oitenta: morte do feminismo?

A partir de 1975, o feminismo já não podia ser escrito no singular. O feminismo foi florescendo em cada lugar do mundo com suas características, tempos e necessidades próprias.

Depois das manifestações de força e vitalidade do feminismo e outros movimentos sociais e políticos nos anos 70, a década de 80 parece que passará à história como conservadora. De fato, o triunfo de líderes ultraconservadores em países como Inglaterra e Estados Unidos, certo esgotamento das ideologias que surgiram no século XIX aliados ao fim da União Soviética deram lugar aos profetas do fim dos conflitos sociais e da história. Nesse contexto, a pergunta que se começou a fazer foi: pode-se falar em morte do feminismo?

A resposta deve ser um redondo *não*. Somente uma análise insuficiente das diferentes frentes e níveis sociais em que se desenvolve a luta feminista pode questionar sua vigência e vitalidade. Ainda que a era dos gestos grandiloquentes e manifestações massivas que marcaram os movimentos sociais dos anos 70 tenham acabado, eles deixaram como herança novas formas de organização política feminina, maior visibilidade das mulheres e de seus problemas na esfera pública e animados debates entre as próprias feministas bem como entre estas e interlocutores externos. Em outras palavras, a morte, ao menos aparente, do feminismo como movimento social organizado não implicava nem a desaparição das feministas como agentes políticos nem do feminismo como um conjunto de práticas discursivas – muitas vezes contraditórias – sempre em desenvolvimento.

Na década de 80 a teoria feminista não apenas desenvolveu uma vitalidade impressionante como também conseguiu dar a sua interpretação da realidade um *status* acadêmico.

Efetivamente o feminismo não desapareceu, mas sim conheceu profundas transformações. Para estas transformações influenciaram tanto os enormes êxitos colhidos – se considerarmos o passado e o presente das mulheres – como a profunda consciência do que ainda resta por fazer se comparamos a situação dos homens e das mulheres na atualidade. As conquistas obtidas provocaram uma aparente diminuição na capacidade de mobilização das mulheres em torno das reivindicações feministas ainda que paradoxalmente estas tenham mais apoio do que nunca entre a população feminina. Um exemplo: o consenso entre as mulheres sobre a reivindicação de equiparação salarial, medidas contra a violência ou uma política sobre creches públicas é praticamente total. Mas continua sendo difícil – para não dizer impossível – congregar sob essas reivindicações manifestações similares às que se produziram ao redor da defesa do aborto nos anos 70. De fato, somente o questionamento sobre o direito ao próprio corpo nos Estados Unidos de Bush foi capaz de suscitar de novo marchas que reuniram centenas de pessoas. Entretanto isso não implica um engajamento social na constante luta por direitos às mulheres.

O feminismo dos anos 80 se centra no tema da diversidade entre as mulheres. Esse feminismo se caracteriza por criticar o uso monolítico da categoria mulher e se centra nas implicações práticas e teóricas da diversidade de situações em que vivem as mulheres. Essa diversidade afeta as variáveis que interatuam com a de gênero, tais como país, etnia e preferência sexual. Apesar dos diferentes rumos que foi tomando, a maior força do feminismo e de sua longa história nasce, em primeiro lugar, por ser uma teoria sobre justiça, legítima e em segundo por ser uma teoria crítica: o feminismo politiza tudo o que toca.

Sistematicamente, depois de uma época de expansão e êxito, os movimentos de mulheres sofrem uma virulenta reação patriarcal. Contra o nascimento do feminismo na Revolução Francesa, se alçaram a guilhotina e o Código Napoleônico; depois da vitória tão duramente conseguida das sufragistas, criou-se a mística feminina com toda a sua parafernália. Depois dos manifestos das feministas radicais, a reação conservadora dos anos oitenta liderada por Ronald Reagan nos Estados Unidos e Margaret Thatcher na Inglaterra. Foi nesse momento que a mídia criou a imagem da "Supermulher" – que escondia por trás deste nome aparentemente poderoso – a exploração que a dupla jornada supõe: trabalhar dentro e fora de casa e, além disso, ser uma mãe perfeita, amante excepcional, sempre bonita e acolhedora. Simultaneamente, se desenvolveram teorias de que tantos esforços não valiam a pena, e que o melhor era voltar para casa:

> *a última reação antifeminista não foi desencadeada porque as mulheres conseguiram a plena igualdade com os homens mas porque parecia possível que estivessem a ponto de conseguir.*[35]

Enquanto isso, o feminismo se fazia realmente mundial e diverso. Algumas autoras se referem a estes movimentos como pós-feministas para referir-se a toda diversidade surgida a partir dos anos 80. As conquistas são muitas e as mulheres aprenderam a superar o vitimismo histórico e a reconhecer os avanços produzidos sem esquecer que os problemas ainda são enormes, discriminações e opressões que padecem em todo o mundo. A igualdade entre homens e mulheres ainda não foi conquistada.

No século XXI a violência de gênero ainda é comum assim como a discriminação sexista ou racista tanto nos âmbitos do trabalho quanto educacional bem como nos postos relevantes de tomada de decisão política, militar e econômica.

Deste modo, depois da explosão dos anos 70, a reação dos 80 e as excisões dos feminismos dos últimos anos, a reivindicação de todo feminismo continua sendo muito simples: exige que as mulhe-

---

[35] ÁLVAREZ, Ana de Miguel. *Alejandra Kollontai (1872-1953)*. Madrid: Edición del Orto, Biblioteca de Mujeres, 2001, p. 150.

res tenham liberdade para definir-se por si mesmas sua identidade ao invés de que esta seja definida pela cultura da qual fazem parte e pelos homens com os quais convivem. E dois eixos norteiam seu trabalho: a erradicação da pobreza e da violência.

Esta é a essência do patrimônio comum de todas as correntes do feminismo. Vejamos agora o que tem diferenciado as correntes feministas mais significativas dos últimos anos.

Feminismos contemporâneos

Feminismo da diferença

O conceito de diferença é polêmico por várias razões. A primeira por seu próprio nome. A partir do modelo patriarcal e androcêntrico, com o homem como medida do humano, que inclusive se apropria do neutro e o considera masculino, a diferença de gênero é entendida como negativa e inferior. Entretanto, o feminismo da diferença toma essa palavra e lhe dá um sentido completamente diferente. Reivindica o conceito e centra-se precisamente na diferença sexual para estabelecer um programa de liberação da mulher para que encontre sua verdadeira identidade, deixando de fora a referência masculina: "*Não queríamos ser mulheres emancipadas, queríamos ser mulheres livres por direito próprio*". Para este feminismo o caminho para a liberdade começa precisamente da diferença sexual.

> *Descobrimos o que era a amizade e a cumplicidade entre mulheres em um ambiente sem chefes, sem namorados, sem maridos, sem secretários-gerais que fizessem a mediação entre nós e o mundo.*[36]

[36] AMORÓS, Celia. *Tiempo de feminismo. Sobre feminismo, proyecto ilustrado e postmodernidad*. Madrid: Cátedra, 1997, p. 123.

Uma das ideias-chave é a de apontar que diferença não significa desigualdade e assinalar que o contrário da igualdade não é a diferença senão a desigualdade. O feminismo da diferença reivindica a igualdade entre mulheres e homens, mas nunca a igualdade com os homens porque isso implicaria aceitar o modelo masculino. Entre suas propostas destacam a importância do simbólico: *"As coisas não são o que são, mas sim o que significam"*. E reivindicam que o que as mulheres fazem pode ser significativo e valioso, seja igual ou não o que fazem os homens. Entre as fórmulas para criar outra ordem simbólica dão especial atenção a arte, o cinema, a literatura, a música e as artes plásticas.

O feminismo radical criou o caminho para o feminismo cultural norte-americano e ao da diferença europeu. Mesmo sem estruturas ou líderes – uma vez que não queriam profissionalizar a política nem repetir os esquemas de sempre – causaram o desaparecimento do movimento radical. Surgiu o conceito de irmandade ou *"sororidade"* como é mais conhecido e que vai mais além do de camaradagem. Para Kate Millett, o salto do feminismo radical para o da diferença e cultural se deu em função:

> *Da profunda mudança social que implica uma revolução sexual na tomada de consciência bem como a exposição e eliminação de certas realidades, tanto sociais quanto psicológicas subjacentes às estruturas políticas e culturais. Supõe, portanto, uma revolução cultural que, se bem há de levar consigo essa reestruturação política e econômica a que frequentemente se costuma aplicar o termo revolução, tem necessariamente que transcender tal objetivo.*[37]

A pioneira do feminismo da diferença é Luce Irigaray, filósofa e psicanalista belga radicada na França. Depois da publicação de

[37] MILLETT, Kate. *Política sexual.* Madrid: Cátedra, 1995, p. 79

seu livro *Speculum*, foi expulsa tanto da universidade na qual lecionava quanto da Escola Freudiana da qual fazia parte.

Junto a Irigaray, Annie Leclerc, Hélène Cixous formaram o grupo *"Psychanalyse et politique"*, que é referência do feminismo francês desde os anos 70. Criticavam duramente o feminismo igualitário por considerá-lo reformista porque assimila as mulheres aos homens e, em última instância, não consegue sair do paradigma de dominação masculina. O feminismo francês da diferença parte da constatação da mulher como o absolutamente outro. Instalado nesta "outridade" e tomando emprestadas as ferramentas da psicanálise, utiliza a exploração do inconsciente como meio privilegiado de reconstrução de uma identidade própria, exclusivamente feminina.

Suas militantes protagonizaram duros enfrentamentos com o "feminismo", alguns tão fortes como participar de manifestações com panfletos "Fora o feminismo", inclusive recorrendo aos tribunais reivindicando seu caráter de legítimas representantes do Movimento de Liberação das Mulheres:

> *As batalhas pessoais,a defesa radical ou não da homossexualidade e as diversas posturas em relação aos partidos políticos também foram pontos de litígio para um movimento excessivamente fechado sobre si mesmo, que infesta seus textos de referências ocultas e que, longe da acolhedora solidariedade, parece muitas vezes se converter em um campo minado.*[38]

Apesar de serem bastante criticadas por seus textos serem muitas vezes obscuros *"um feminismo para filósofas"*, Luce e Hélène inovaram a teoria feminista ao insistir na subversão da linguagem masculina, na reivindicação da escritura feminina e na criação de um saber feminino.

---

[38] MAGDÁ, Rosa M. Rodriguez. *Mujeres em la historia del pensamiento.* Barcelona: Anthropos, 1997, p. 62.

Na Itália surgiu uma importante corrente do feminismo da diferença. No final dos anos 60, e durante toda a década seguinte, a Itália foi um dos países mais ativos dentro do movimento feminista. Ainda que a maioria dos grupos estivesse ligada aos movimentos de esquerda, um marco importante foi a publicação do manifesto "*Rivolta femminile*" e o livro de Carla Lonzi *Cuspamos sobre Hegel*, uma crítica impiedosa à cultura patriarcal e também: "*às aspirações igualitárias de um certo feminismo colonizado, uma vez que a igualdade é um princípio jurídico, enquanto a diferença supõe uma realidade existencial*". Para Carla, a igualdade entre os sexos é a roupagem com que se disfarça hoje a inferioridade das mulheres. As italianas, muito influenciadas pelas teses das francesas sobre a necessidade de criar uma identidade própria e a experiência dos grupos de autoconsciência das norte-americanas, sempre mostraram sua dissidência em relação às posições majoritárias do feminismo italiano. E assim o fizeram no debate sobre a lei do aborto em que defendiam a despenalização frente à legalização, finalmente aprovada em 1977 e posteriormente na proposta de lei sobre a violência sexual. Essa proposta, iniciada pela MLD, UDI e outros grupos do movimento de liberação, reivindicava, entre outras coisas, que o estupro pudesse ser perseguido pelo Estado, mesmo contra a vontade da vítima, para evitar as frequentes situações em que as pressões sobre esta terminavam com a retirada da queixa. Neste caso, como no do aborto, se considera "o mais inaceitável" que as mulheres "*oferecessem este sofrimento concreto a intervenção do Estado, dizendo atuar em nome de todas as mulheres*".

Defendem que a lei do homem nunca é neutra, e que a ideia de resolver por meio de leis e reformas gerais a situação das mulheres é absurda. Criticam o feminismo reivindicativo como vitimista e por não respeitar a diversidade da experiência das mulheres. Além disso, colocam que de nada serve que a lei dê valor às mulheres se estas de fato não o têm. Em troca, parecem propor transladar-se ao plano simbólico e que seja neste plano que se produza a efetiva liberação da mulher e do desejo feminino. Ligada a esta liberação, muito voltada para a autoestima feminina, estão diversas práticas entre mulheres como o *affidamento,* conceito de difícil tradução, mas que pode ser entendido como *"confiar ou deixar uma questão nas mãos de outra pessoa"*.

Com ele se criam laços sólidos entre mulheres, outorgando-lhes confiança e autoridade umas às outras; daí que o reconhecimento da autoridade feminina joga um papel determinante, pois reconstrói os laços quebrados pelo patriarcado que baseia a autoridade no pai em detrimento da mãe. O *affidamento* é a prática social que reabilita a mãe em sua função simbólica e a afirmação da autoridade social feminina. Afirma-se com claridade que para a mulher não há liberdade nem pensamento sem o pensamento da diferença sexual. Esta é a determinação ontológica fundamental.

Feminismo cultural

Pode-se dizer que o feminismo radical norte-americano havia se desenvolvido até um novo tipo, para o qual utilizaram o nome de feminismo cultural. Este tem por base a criação de instituições feministas alternativas e está associado muitas vezes ao feminismo da diferença por também entender que há a necessidade de separar-se das instituições por ele dominadas. Seu objetivo é conquistar autonomia cultural como base para a resistência, inspirando assim reivindicações femininas fundamentadas em valores alternativos, tais como a não violência, a não competição, a cooperação e a multidimensionalidade da experiência humana conduzindo à nova identidade e culturas femininas capazes de induzir a transformação cultural da sociedade em geral. Tal desenvolvimento reside na mudança de uma concepção construtivista do gênero a uma concepção essencialista. Mas a diferença fundamental está em que, enquanto o feminismo radical e também o socialista e o liberal lutam pela superação dos gêneros, o feminismo cultural parece alicerçar-se na diferença.

Feminismo essencialista

Engloba as distintas correntes que igualam a liberação das mulheres com o desenvolvimento e a preservação de uma contracultura feminina: viver em um mundo de mulheres para mulheres. Esta contracultura exalta o princípio feminino e seus valores e repudia o masculino. Para esta corrente, os homens representam a cultura; as mulheres, a natureza. Ser natureza e possuir a capacidade de serem mães comporta qualidades positivas que inclinam exclusivamente as mulheres à salvação do planeta. Já que são moralmente superiores aos homens. A sexualidade masculina é agressiva e potencialmente letal, a feminina difusa, terna e orientada às relações interpessoais. Por último, a opressão da mulher deriva da supressão da essência feminina. Disso se conclui que a política de acentuar as diferenças entre os sexos condena a heterossexualidade por sua conivência com o mundo masculino, daí ser o lesbianismo a única alternativa de não contaminação. Dessa visão dicotômica da natureza humana derivaram outros movimentos como o ecofeminismo de Mary Daly e o surgimento de uma grande polêmica contra a pornografia e a prostituição.

Feminismo institucional

O caminho deste tipo de feminismo foi aberto graças ao feminismo internacional do entre guerras que deu impulso ao Informe Mundial sobre o Status da Mulher realizado pelas Nações Unidas.

Este documento modificou completamente a ideia de que a situação das mulheres fosse de competência exclusiva dos governos nacionais. Desde então, se converteu em um assunto assumido pelos organismos internacionais. O passo seguinte foi a criação da Comissão sobre o Status das Mulheres das Nações Unidas em 1946.

Este feminismo se reveste de diferentes formas nos diversos países ocidentais: desde os pactos interclassistas das mulheres nórdicas – onde se chegou a falar em feminismo de Estado –, a formação de *lobbies* ou grupos de pressão, até a criação de ministérios ou instituições interministeriais como na Espanha que em 1983 criou como organismo autônomo o Instituto da Mulher.

Apesar dessas diferenças, os feminismos institucionais têm algo em comum: a decisão de abandonar a aposta por situar-se fora do sistema. Por um lado, esta postura trouxe avanços em relação ao imobilismo que supunha a postura anterior – de não aceitar nada que não fosse uma mudança radical. Por outro existem aquelas que acreditam que isso não é feminismo. De toda forma o assentamento do feminismo institucional supôs uma mudança lenta e difícil para todo o feminismo uma vez que este é um coletivo que, além de sua vocação radical (nada mais alheio ao feminismo do que o politicamente correto), desenvolveu sua história excluído do poder.

Um resultado marcante dessas práticas políticas foi o fato – impensável há algumas décadas – de que mulheres declaradamente feministas cheguem a ocupar postos importantes em partidos políticos e no Estado. Desse modo, os grupos de base, o feminismo institucional e a pujança da teoria feminista aliados à paulatina incorporação das mulheres a postos de poder não estritamente políticos – administração, magistratura, cátedras etc. – e as tarefas emblematicamente varonis – exército e polícia – foram criando um tipo de sedimento feminista claramente explicitado na Declaração de Atenas de 1992. Nesta declaração fixa-se e define-se explicitamente o fenômeno do teto de vidro[39] e apontam-se alternativas. Em Atenas, reconhece-se a efetividade das quotas como medida para equilibrar a sub-representação e reclama-se definitivamente a paridade. Quando se fala de acesso ao, e exercício do poder, percebe-se que dois dos maiores obstáculos são intangíveis: o mérito e o talento. Ambos os conceitos são subjetivos, difíceis de medir e, o que é mais importante, fazem parte do patrimônio masculino, sendo o homem quem os define, valoriza e distribui. Os homens reconhecem-se entre si e ao fazê-lo invisibilizam as mulheres.

Neste sentido, duas perguntas se colocam: a primeira, agora que chegamos como é o caso dos países nos quais as mulheres têm direitos políticos reconhecidos e ocupam cargos de alta responsabilidade política, como estamos? E a primeira conclusão é a de que as mulheres têm um poder de "segunda".

Por sua vocação transformadora da sociedade, as feministas que chegam às instituições políticas querem alterar de forma radical a forma como sexos se relacionam, alterar os códigos normativos, os costumes morais e, naturalmente, isso cria grandes resistências que se tornam visíveis quando se observa que as mulheres não consolidam nem o cargo nem a influência, perdendo-se assim a referência de autoridade. Não conseguem fixar nem consolidar a agenda da igualdade que pretende transformar a sociedade.

A segunda pergunta é: como ficamos? E devemos e queremos ficar num contexto de aperfeiçoamento da democracia, num

[39] A expressão *teto de vidro* refere-se às situações em que o avanço de uma pessoa qualificada na hierarquia de uma organização é impedido por barreiras de discriminação, geralmente o sexismo ou o racismo. Com esta metáfora se quer expressar a barreira enquanto um "teto" porque há uma limitação que obstrui o avanço ascendente, e "vidro" (transparente) porque a limitação não é imediatamente aparente e é normalmente uma política não escrita nem oficial. "O teto de vidro" é diferente das barreiras formais ao avanço, tal como exigências da instrução ou da experiência.

contexto moral e normativo de extensão de direitos, em que o valor exigido seja o reconhecimento, a autoridade e a confiança. Apesar dos avanços conseguidos, as mulheres ainda continuam a ser "desiguais" e, no que diz respeito à configuração da agenda partilhada, devemos nos lembrar que, se não houver democracia, não há igualdade; não há igualdade sem paridade. E, sem ambas, não há desenvolvimento.

A nova tarefa: nomear e desmascarar

Como vimos, a partir da década de 70, as feministas de todas as tendências lutaram e trabalharam pela emancipação e assim prosseguiram sem pausa até esta primeira década do século XXI. Conquistada a liberdade – ainda que não para todas nem em todo o mundo –, as bases estavam colocadas. O primeiro exercício de poder que outorgava esta nova liberdade foi nomear e desmascarar todas as "falácias viris".

Cada grupo, a partir de sua realidade, corrente política e formação, começou a desgrenhar os temas: sexualidade, aborto, direitos reprodutivos, saúde, nutrição, esportes, carreira. Estudando o corpo e as relações de poder que impregnam tudo quando falamos de mulheres revelou-se o grave problema do estupro e sua prática habitual no controle das mulheres. De fato, nomear a violência dentro da família foi um passo decisivo para seu reconhecimento. Nos anos 70, as feministas já haviam identificado de forma clara os maus-tratos e a violência contra a mulher – ainda que tenha levado décadas em convencer o resto da sociedade e o Estado de que este é um problema social.

Na mesma linha, foram desmascaradas as armadilhas da linguagem, a enviesada visão dos meios de comunicação, a ultrajante representação das mulheres nos anúncios publicitários, as diferenças salariais, a exclusão da história. Em resumo, o feminismo disse claramente que já não é possível, com rigor acadêmico, considerar como universal e neutro um ponto de vista unilateral: o masculino.

No século XXI, o que nos une e fica pendente para todas as mulheres, de todos os cantos do mundo, é tornar realidade o fato de que os direitos das mulheres são direitos humanos.

Tudo isso, aliado à criação de novos modelos de relações pessoais e diferentes opções de vida para muitas mulheres, foi possível graças à impertinência, inteligência e valor das mulheres revolucionárias, sufragistas, mulheres de todas as classes: utópicas, anarquistas, socialistas, radicais, ilustradas, da igualdade, da diferença, de todas as etnias e países, ricas ou pobres, donas de casa ou operárias que entenderam que a vida, além de ser vivida, merece ser desfrutada.

Considerações finais

Todas as ciências têm por tarefa a construção de modelos que uniformizem, regulem e criem uma ordem. Na sociedade ocidental, esta ordem sempre foi feita à custa do diferente, e a diferença na cultura patriarcal está representada pelo feminino. Que a mulher é o outro do homem já foi elucidado por Simone de Beauvoir em *O Segundo Sexo;* esta alteridade foi utilizada com desculpa perfeita para exclusão das mulheres das estruturas de poder.

Tanto a normalidade quanto a alteridade se constroem a partir das Instituições, uma vez que uma de suas funções é assegurar a homogeneidade, criar as regras que regem o normal e o anormal, o bem e o mal, o são e o patológico; o diferente (a diferença) fica fora da teorização, sem palavras e não somente inaudível mas também invisível. Como a palavra impressa é frequentemente patrimônio do grupo dominante e usada para reforçar a invisibilidade cultural, as vozes dos grupos dominados se encontram relativamente ausentes destas narrativas.

Retirar essas vozes da invisibilidade implica um trabalho de desocultação de tudo que foi deixado de lado pelo pensamento ocidental oficial, acadêmico, como por exemplo a criação de uma nova visão do pensamento e da presença das mulheres, que as retire da posição desfavorável e inferior, com que foram sempre identificadas na cultura, pois quando revisitamos a história uma dúvida nos assalta: Onde estavam as mulheres durante a árdua construção da cultura?

Evidentemente poucos ainda ousariam dizer que essa ausência se dá por uma suposta inferioridade intelectual da mulher, mas ainda assim caberia afirmar que a história não pode ser mudada e mesmo que o futuro nos possibilite maior protagonismo, devemos assumir uma modesta contribuição no passado.

Essa justificativa sobre a invisibilidade e irrevelância das mulheres na produção científica, teórica, política ou literária, individual ou coletivamente, é matizada parcialmente propondo, mais ou menos paternalmente, que as mulheres foram relevantes unicamente em terrenos específicos nos quais a história, sem modificar sua estrutura, deveria completar-se acrescentando adendos de alguma maneira excepcionais frente a seu percurso geral.

Tal hipótese é certamente conservadora, pois não refuta um modelo de transmissão cultural que deixa de lado mais da metade da humanidade, nem a valoração dos feitos que se consideram relevantes para resgatar do esquecimento e incorporá-los a uma tradição.

Frente a isso, caberia talvez uma postura mais radical: se nem as circunstâncias históricas possibilitaram, nem a história registrou as contribuições das mulheres, esse fato invalida por si só a pretensão de universalidade dessas teorias e uma verdadeira reconstrução da história deve analisar as relações entre o poder e o saber que presidiram a exclusão das mulheres, os critérios de autoridade, os entraves sociais, o silenciamento posterior de protagonistas exiladas, que apesar de tudo existiram.

Enfrentarmos hoje o problema das contribuições das mulheres na história supõe clarear uma série de questões prévias: perfilar um modelo de crítica feminista, introduzir modelos históricos e genealógicos alternativos, construir a configuração do genérico "as mulheres" que pretendemos que seja sujeito e objeto de nosso discurso.

Seria necessário um modelo de crítica feminista aplicável tanto à reconstrução das contribuições das mulheres na cultura quanto à revisão dos cortes androcêntricos presentes nas teorias filosóficas, para possibilitar posteriormente a adequação de suas conquistas e metodologias à elucidação de seus problemas específicos.

A proposta de modelos históricos alternativos buscaria resgatar do esquecimento as contribuições das mulheres em geral como coletividade na teoria e na prática social.

O uso da noção de genealogia deveria contemplar ao menos duas acepções: em primeiro lugar a genealogia como método desconstrutor das relações de poder presente no saber e o segmento de suas redes de exclusão e de construção de conceitos, neste caso os que se referem ao conceito de gênero. E em segundo uma genealogia feminina, que recupere protótipos literários e mitológicos, galeria de mulheres ilustres que busque a construção do imaginário, da simbologia, da memória e da presença feminina e que inclua portanto mulheres reais e fictícias, feministas ou não.

Coloca-se portanto em questão determinado modelo de conhecimento. E isto com duas expectativas: primeiro de desconstruir a suposta universalidade das teorias apontando seus mecanismos de marginalização e exclusão das mulheres e em seguida construir uma genealogia feminina, ou melhor dizendo uma linhagem feminista de pensamento.

Sem dúvida, diversas questões aparecem de imediato quando se trata de restabelecer as mulheres em uma história que foi especialmente contra elas, basta que nos lembremos da longa lista de teorias misóginas desde a tradição filosófica aristotélica.

Questões como: não seria mais pertinente no caso das mulheres falar de uma ausência de tradição, de tradição adversa ou ainda de exclusão ou imposição de silêncio? Pelo menos em um sentido pode-se responder negativamente. Não queremos dizer com isso que se deva negar o processo de exclusão das mulheres ou sua histórica discriminação, mas sim que, juntamente ao necessário trabalho de crítica à razão patriarcal, é possível realizar um trabalho de construção.

Certamente, o processo de exclusão determinou não só a escassez de dados sobre as ideias e ações das mulheres em comparação com os homens, mas também e fundamentalmente sua falta de transmissão.

Este aspecto é bastante significativo, pois qualquer um que se dedique com afinco a escavar a história vai se deparar com muito mais textos e fragmentos escritos por mulheres do que supõe.

Desse modo, na medida em que não se concedeu autoridade nem sentido para as ações e as palavras das mulheres e que sua história não se traduziu em memória, não se trata unicamente de recuperar o passado e esclarecer as razões dessa amnésia, mas sim de descobrir novas formas de se relacionar com ele.

E isso por diversas razões, mas poderíamos assinalar como exemplo que toda mulher que consegue ir além do espaço doméstico parece não ter nenhum antecedente feminino, aparenta ser única. Nesse sentido, parece que cada nova autora deve reiniciar o discurso, como se não existisse uma tradição na qual situar-se. Muitas mulheres assumiram o risco do pensamento, escreveram, nos legaram suas obras e isto é importante não porque pretendemos verificar uma temática específica ou acrescentar um pequeno capítulo na história do conhecimento sobre as contribuições femininas, mas porque é justo o reconhecimento de seu esforço.

As teóricas de hoje devem saber que suas palavras rememoram toda uma tradição de pioneiras e que o exercício do pensamento não foi esforço de um só sexo e isso independente do campo de reflexão que se eleja.

Se é certo que a ausência de memória ou de tradição configura a dificuldade de conservar e de inovar e portanto a impossibilidade de acrescentar algo próprio no mundo e de criar sentido, não é menos certo e, como já assinalou Woolf, que, no caso das mulheres, o mundo não só manifestou indiferença como também e fundamentalmente hostilidade. Assim tanto as autoras quanto suas intérpretes frequentemente foram colocadas na categoria de excepcionalidade. Categoria esta que, quando pretende ser expressão da vivência subjetiva ou do fim da exclusão ou é utilizada para descrever ou interpretar a obra feminina, costuma ser interpretada como sinônimo de certo tipo de travestismo, de exceção admitida ou, na maioria dos casos, de loucura. Mostra de heroísmo que confirmaria uma regra: a cultura é feita por homens.

Entretanto, quando são os olhos de uma mulher que olham para a história, esta não se parece nada com a oficial. Quando são os olhos de uma mulher que estudam a antropologia, as culturas mudam de sentido e de cor. Quando são os olhos de uma mulher que refazem as contas, a economia deixa de ser uma ciência exata e se assemelha a uma política de interesses. Quando são os olhos de uma mulher que rezam, a fé não se converte em véus ou mordaças. Quando as mulheres são as protagonistas, o mundo, o que cremos conhecer, é outro.

Mas as vozes das mulheres e suas palavras não têm alto-falantes e seus pés estão sobre uma terra que não lhes pertence, mas que compreendem como nenhum estadista. As mulheres de La Dima, uma comunidade de El Salvador, explicam a globalização melhor que um economista: "*antes com algumas moedas podíamos fazer chamadas telefônicas, agora não temos o dinheiro que custam os cartões necessários para usar as cabines novas*". As mulheres afegãs conhecem os meandros das relações internacionais: "*As grandes potências necessitam do gás natural e a matéria-prima das repúblicas asiáticas ex-soviéticas em detrimento do Irã, Rússia e Índia. Um Afeganistão estável pode garantir esta situação, mesmo que seja à nossa custa. Os gasodutos valem mais do que a vida das mulheres afegãs"*. Na China, as mulheres sabem que não são desejadas porque depois de tantos anos de políticas de natalidade brutais que apenas permitiam um descendente, para a economia familiar, melhor que fosse um homem. As mulheres que conseguem saber a tempo o sexo do feto, quando é feminino, abortam.

Por ser mulher, e por haver nascido no Paquistão, deve casar-se sem escolher o marido, na Argélia deve deixar seu emprego depois de haver lutado contra os colonizadores, na Bósnia e depois de ter sido violentada em uma guerra que nunca desejou, em Burkia Faso e sofrer a extirpação de seu clitóris, no Brasil e ficar órfã porque seu pai decidiu que sua mãe merecia vinte facadas por ter desobedecido a suas ordens.

Deveríamos escutar a experiência de uma jovem engenheira soviética que trabalha como prostituta para entender que, atrás do demolido Muro de Berlim, havia algo mais do que a Guerra Fria, havia pessoas, havia mulheres. Deveríamos escutar as mães iraquianas que veem seus filhos morrerem para entender que por trás do bloqueio e das operações militares havia seres humanos, havia mulheres que, depois de conseguirem a legalização de contraceptivos em um país árabe, não podiam utilizá-lo porque o bloqueio impedia que atravessassem suas fronteiras. Deveríamos escutá-las hoje, depois de outra invasão estadunidense... Mas, para tanto, teríamos que colocar os microfones em suas mãos e focá-las com as câmaras que sempre estão ocupadas por líderes ambiciosos ou políticos poderosos. Deveríamos escutar as ex-guerrilheiras centro-americanas que além dos mortos, a política dos anos 80 em seus países, supôs uma sociedade quebrada onde, desde então, as mulheres enfrentam sozinhas a luta pela sobrevivência de seus inúmeros filhos. Deveríamos escutar as mulheres do mundo todo porque simplesmente elas deveriam ter a palavra.

E se as escutássemos, também as ouviríamos rir, inventar, criar. Solucionar problemas, consolar tristezas, alegrar corações. Ajudar, trabalhar, dançar e sonhar. Estão aí as Mulheres de Negro, palestinas e judias juntas, desafiando a violência, gritando ao mundo que não são inimigas e construindo a paz. Ou as mulheres da Índia, abraçando as árvores para frear as leis devastadoras. Ou as mulheres africanas, denunciando as multinacionais por seus preços abusivos e testes de medicamentos. Ou as indígenas, evitando que os comerciantes patenteiem suas plantas, seus conhecimentos ancestrais dizendo não aos transgênicos. Ou as mulheres europeias lutando pela paridade que faça com que as democracias ocidentais mereçam este nome.

Se as mulheres tivessem podido falar, hoje seríamos mais sábios. Haveríamos aprendido o conhecimento de 9 milhões de mulheres queimadas nas fogueiras na Inquisição católica. Nos lembraríamos de Murasaki Shikibu, a mulher que escreveu a primeira obra considerada um romance no mundo, no Japão, em 1010. Também nos sentiríamos orgulhosas de Hildergard von Bingen, a abadessa alemã (1098-1179), que além de religiosa foi escritora, filósofa, compositora, pintora e médica. Entre muitas outras coisas, é autora do *Livro de medicina composta*, considerado base da medicina ocidental. Assim, quando os fanatismos religiosos atacassem de novo, recordaríamos sua frase: "*Quando Adão olhou para Eva, se encheu de sabedoria*". Saberíamos que a introdução da física no campo do conhecimento científico se deu com o livro *Institutions*, escrito por Emilie de Breteuil , marquesa de Chateler (1706-1749), grande matemática e filósofa. E que foi uma mulher, a única pessoa a ganhar o Prêmio Nobel em duas disciplinas. Marie Slodowska Curie (1867-1934) recebeu em 1903 o Nobel de Física e em 1911 o de química. A ela se deve o que hoje se denomina "A idade do átomo".

Se tivéssemos podido escutar as mulheres, se pudéssemos escutá-las hoje, homens e mulheres seríamos mais sábios e suspeitaríamos ante os relatos nos quais nenhum destes nomes aparece.

Quando nasci um anjo esbelto,
desses que tocam trombeta, anunciou:
vai carregar bandeira.
Cargo muito pesado pra mulher,
esta espécie ainda envergonhada.
Aceito os subterfúgios que me cabem,
sem precisar mentir.
Não sou feia que não possa casar,
acho o Rio de Janeiro uma beleza e
ora sim, ora não, creio em parto sem dor.
Mas o que sinto escrevo. Cumpro a sina.
Inauguro linhagens, fundo reinos
– dor não é amargura.
Minha tristeza não tem pedigree,
já a minha vontade de alegria,
sua raiz vai ao meu mil avô.
Vai ser coxo na vida é maldição pra homem.
Mulher é desdobrável. Eu sou.

Adélia Prado[40]

[40] Adélia Prado. Com licença poética. In: *Bagagem.* Rio de Janeiro: Guanabara, 1986, p. 19

Outras leituras, outras visões

ABRANTES, Elizabeth Sousa. *Mãe civilizadora*: A educação da mulher nos discursos feminista e antifeminista na primeira república. XII Encontro Regional de História ANPUH/RJ – Usos do passado, 2006 p. 1-8.

ALMEIDA, Jane Soares. *Mulher e educação:* a paixão pelo possível. São Paulo: Editora UNESP, 1998. 225 p.

_________. As lutas femininas por educação, igualdade e cidadania. *Revista brasileira de estudos pedagógicos*, Brasília, v. 81, n. 197, p. 5-13, jan. /abr. 2000.

ALVAREZ, Sonia. Politizando as relações de gênero e engendrando a democracia In: STEPAN, Alfred. *Democratizando o Brasil.* Rio de Janeiro: Paz e Terra, 1988.

AMORÓS, Celia. *Tiempo de feminismo. Sobre feminismo, proyecto ilustrado e postmodernidad.* Madrid: Cátedra, 1997.

_________. (ed.) *Feminismo y filosofía.* Madrid: Sintesis, 2000.

_________. (Coord.), *Historia de la teoría feminista*, Madrid, Instituto de Investigaciones Feministas, Universidad Complutense de Madrid, Comunidad de Madrid, Dirección General dela Mujer, 1994.

ARAÚJO, C. M. O. *Partidos políticos e gênero*: mediações nas rotas de ingresso das mulheres na política. *Revista de Sociologia e Política.* Curitiba, n. 24, p. 193-216, 2005.

BADINTER, Elisabeth. *XY: sobre a identidade masculina.* Rio de Janeiro: Ed. Nova Fronteira, 1993.

BELTRÁN, Elena y MAQUIElRA, Virginia (eds.). *Feminismos. Debates teóricos contemporáneos.* Madrid: Alianza Editorial, 200l.

BLANCO ORUJO, Oliva. *Olimpia de Gouges (1748-1793).* Madrid: Ediciones del Orto, Biblioteca de Mujeres, 2000.

BEAUVOIR, Simone de. *O segundo sexo*. Vol.1 *Fatos e mitos* e Vol.2 *A experiência vivida*. São Paulo: Nova Fronteira, 1980, 3ª edição.

__________. Simone de Beauvoir Entrevista Jean-Paul Sartre. In: Emir Sader (org.) *Vozes do século*. Entrevistas da *New Left Review*. Rio de Janeiro: Paz e Terra, 1997.

BELLO, Angela Ales. *A fenomenologia do ser humano*. Bauru, SP: EDUSC, 2000.

BENHABIB, Seyla, CORNELLA, Drucilla. *Teoría feminista y teoría crítica*. Valencia: Alfons el Magnànim, 1990.

BIRULÉS, Fina (compiladora). *Filosofía y género. Identidades femeninas*. Universidad de Barcelona/Pamiela, 1992.

__________. Indícios y Fragmentos: História de la filosofia de las mujeres. In: MAGDA, Rosa M. Rodriguez (ed.). *Mujeres en la Historia del Pensamiento*. Barcelona: Anthropos, 1997, p. 17-31.

BOURDIEU, Pierre. *La dominación masculina*. Anagrama, Barcelona, 2000.

CABALLÉ, Anna (ed.). *Contando estrellas. Siglo XX. 1920-1960, La vida escrita por mujeres II*. Lumen, Barcelona. 2004.

__________. *La pluma como espada. Del Romanticismo al Modernismo, La vida escrita por mujeres III*. Lumen, Barcelona, 2004.

CAMPILLO, Neus. Introducción. In: MILL, J.S. e TAYLOR MILL H. *Ensayos sobre la igualdad sexual*. Col. Feminismos. Madrid: Cátedra, 2001.

CASO, Ángeles. *Las olvidadas*. Barcelona: Planeta, 2005.

CASTELLS, Manuel. *O poder da identidade*. Vol. II. Rio de Janeiro: Paz e Terra, 2000.

COBO, Rosa. *Fundamentos del patriarcado moderno*. Jean Jacques Rousseau, Madrid, Cátedra, col. Feminismos, 1995 C.

CORUJO, Olívia B. *Olimpia de Gouges (1748-1793)*. Madrid: Ediciones Del Orto, Biblioteca de mujeres. 2000.

COSTA, Ana Alice, SARDENBERG, Cecília Maria. *Feminismos, feministas e movimentos sociais*. In *Mulher e relações de gênero*. Brandão, Maria Luiza. e Bingemer, Maria Clara. Coleção Seminários Especiais do Centro João XXIII, Editora Loyola, São Paulo, 1994, p. 81-114.

CUTRUFELLI, Maria Rosa. *La ciudadana. Olympe de Gouges. La mujer que vivió por un sueño*. Barcelona: Aribau, 2007.

DINIZ, Edinha. *Chiquinha Gonzaga, uma história de vida*. Rio de Janeiro: Record/Rosa dos Tempos, 1984.

DUARTE, Constancia. Nísia Floresta. Introdução e Posfácio. In: FLORESTA, Nísia. *Direitos das mulheres e injustiça dos homens*. São Paulo: Cortez, 1984.

DUBY, Georges. Eloísa. *Isolda e outras damas no século XII*. São Paulo: Companhia das Letras. 1998.

DURÁN, Mª Angeles (org.). *Liberación y utopia*. Madrid: Akal, 1982.

EVANS, Richard J. *Las feministas. Los movimientos de emancipación de la mujer en Europa, America y Australasia* (1840-1920). Madrid: Siglo XXI, 1980.

FALUDI, Susan, *Reacción. La guerra no declarada contra la mujer moderna*. Barcelona: Anagrama, 1993.

FRICKER, Miranda y HORNSBY, Jennifer. *Feminismo y filosofía. Un compendio*. Barcelona: Idea Books, 2001.

FRIEDAN, Betty. *La mística de la feminidad*, trad. Carlos R. de Dampierre. Barcelona: Ediciones Sagitario, 1965.

GAGLIARDI, José Mauro. *O indígena e a república*. São Paulo: Ed. da Universidade de São Paulo, 1989.

GATELL, Rosa R. Del secreto a la voz: moderata fonte y el merito de las mujeres. In: BIRULÉS, Fina (comp.). *Filosofía y género. Identidades femeninas*. Barcelona: Universidade de Barcelona/Pamiela, 1992.

HIRATA, H., LABORIE, F., LE DOARÉ, H., SENOTIER, D. *Diccionario crítico del feminismo*, Madrid: Editorial Síntesis 2002.

JAGGAR, Alison M. e BORDO, Susan R. *Gênero, corpo, conhecimento*. Rio de Janeiro: Rosa dos Tempos, 1997. Coleção Gênero.

KELLY, Joan. Early Feminist Theory and the Querelle des Femmes, 1400-1789. *Signs*, Vol. 8, N. 1 (Autumn, 1982), p. 4-28. Chicago: The University of Chicago Press, 1982.

KONDER, Leandro. *Flora Tristán. Uma vida de mulher, uma paixão socialista*. Rio de Janeiro: Relume Dumará, 1994.

LASCH, Christopher. *A mulher e a vida cotidiana*. Rio de Janeiro: Civilização Brasileira, 1999.

LAURENTIS, Teresa de. *Technologies of Gender*. Bloomington: Indianna University Press, 1987.

LOBO, Elizabeth de Souza. *A classe operária tem dois sexos, Trabalho, Dominação e Resistência*. São Paulo: Brasiliense, 1991.

LEITE, Miriam Moreira. *A outra face do feminino*. São Paulo: Ática, 1984.

LIBRERIA DE MUJERES DE MILÁN. *No creas tener derechos. La generación de la libertad femenina en las ideas y vivencias de un grupo de mujeres*. Madrid: Horas y HORAS, 2004.

LONZI, Carla. "*Let's spit on Hegel.*" *Feminist interpretations of G. W. F. Hegel.* Ed. Patricia Jagentowicz Mills. University Park, PA: Pennsylvania State U P, 1996.

LÓPEZ DÍEZ, Pilar (ed.). *Manual de información en género*, Instituto Oficial de Radio y Televisión, Madrid, 2004.

LOPEZ PARDINA, Teresa. *Simone de Beauvoir (1908-1986)*. Madrid: Ediciones del Orto, 1999.

MAGDA, Rosa Mª. *Mujeres en la historia del pensamiento*. Barcelona: Anthropos, 1997.

_________. Del Olvido a la Ficción: hacia una genealogía de lasa mujeres. In: MAGDA, Rosa M. Rodriguez (ed.). *Mujeres en la Historia del Pensamiento.* Barcelona: Anthropos, 1997, p 33-59.

MARTINO, Giulio de; BRUZZESE, Marina. *Las filósofas.* Madrid: Cátedra, 1996. Col Feminismos.

McALISTER, Linda Lopez. *Hipatia's Daughters. Fifteen hundred years of women philosophers.* Indianapolis: Indiana University Press, 1996.

MIGUEL, Ana de Alvarez. *Alejandra Kollontai (1872-1952)*, Madrid: Edición del Orto, Biblioteca de Mujeres, 2001

MILL, John Stuart y TAYLOR, Harriet. *Ensayos sobre la igualdad sexual*, trad. de Carmen Martínez. Madrid: Cátedra, Col. Feminismos 2001.

MILLETT, Kate. *Política sexual*, trad. Ana María Bravo. Madrid: Cátedra, Col. Feminismos, 1995.

MORAES, M. L. Q. de. *Mulheres em movimento: o balanço da década da mulher do ponto de vista do feminismo, das religiões e da política.* São Paulo: Nobel; Conselho Estadual da Condição Feminina, 1985.

NASH, Mary. *Mujeres en el mundo. Historia, retos y movimientos.* Madrid: Alianza, 2004.

OBLIGADO, Clara. *Mujeres a contracorriente. La otra mitad de la historia.* Barcelona: Plaza & Janés, 2004.

PERNOUD, Régine. *Cristina de Pizán.* Barcelona: Mediavalia, 2000.

PERROT, Michelle. *Historia de las mujeres.* Vol. 5, Siglo XX. Madrid : Taurus, 2000.

_________. *Historia de las mujeres.* Vol. 4, Siglo XIX. Madrid: Taurus, 2000.

PIZAN, Christine. *La ciudad de las damas.* Madrid: Siruela, 2001. Biblioteca Medieval.

REGUANT, Dolores. La mujer no existe. Bilbao: Maite Canal, 1996. In: SAU, Victoria. *Diccionario ideológico feminista*, vol. II, Barcelona: Icaria, 2001.

RICH, Adrienne. *Nacemos de mujer. La maternidad como experiencia e institución.* Madrid: Cátedra, Instituto de la Mujer. 1996.

ROSSI, Alice. *Sentimiento e intelecto. La historia de John S Mill y Harriet Taylor Mill. Ensayos sobre la igualdad sexual.* Barcelona: Península, 1973.

SALZSMAN, Janet. *Equidad y género: una teoría integrada de estabilidad y cambio.* Trad. María Coy. Madrid: Cátedra, 1992.

SAU, Victoria. *Reflexiones feministas para principios de siglo.* Madrid: Horas y HORAS, 2000.

_________. *Diccionario ideológico feminista.* Vol. 1 e 2. Barcelona: Icaria, 2000.

SCHENEIR, Miriam. *Feminism, the essential historical wrintings.* New York: Vintage Books, 1972.

SCHUMAHER, Schuma e BRAZIL, EricoVital (orgs.). *Dicionário mulheres do Brasil – de 1500 até a atualidade.* Biográfico e ilustrado. Rio de Janeiro: Jorge Zahar Ed., 2000.

SCHWARZER, Alice. *Simone de Beauvoir Hoje.* Rio de Janeiro: Rocco, 1986, 2ª edição.

SCOTT, Joan. Gênero: uma categoria útil de análise histórica. *Educação e Realidade.* Porto Alegre, 16 (2): 5-22, jul-dez 1990.

SENDÓN DE LEÓN, Victoria. *Marcar las diferencias. Discursos feministas ante un nuevo siglo.* Barcelona: Icaria, 2002.

SHOWALTER, Elaine. *Inventing herself.* Great Britain: Picador, 2002, 2ª ed.

SPILLERS, Hortense. Cross-currents, Discontinuities: Black Women's Fiction. In: PRYSE, Marjorie e SPILLERS, Hortense (eds.). *Conjuring: black women's fiction and literary Tradition.* Bloomington: Indiana University Press, 1985, p. 250.

STOLLER, Robert. *Sex and gender: On the development of masculinity and femininity.* New York: Science House, 1968.

TELES, M. *O que é o feminismo.* São Paulo: Brasiliense, 1993.

TELLES, Norma. *Encantações.* Tese de Doutorado. Pontifícia Universidade Católica de São Paulo, 1987.

TOMMASI, Wanda. *Filósofos y mujeres. La diferencia sexual en la historia de la filosofía.* Madrid: Narcea, 2002.

TRISTAN. Flora. *Peregrinaciones de una paria*, trad. E. Romero del Valle. Madrid: Istmo, 1986.

__________. *Unión obrera.* Fontamara. Cidade do Mexico, 1993.

VALCARCEL, Amelia. *Sexo y filosofía. Sobre mujer y poder.* Barcelona: Anthropos, 1994.

__________. Las filosofías políticas en presencia del feminismo. In: AMORÓS, Celia (Dir.). *Filosofía y feminismo.* Madrid: Síntesis, 2000. p. 115-132.

WAITHE, Mary Ellen. *History of women philosophers.* Martinus Nijhoff: Dordrecht, 1987, vol. 1.

WOLF. Naomi. *El mito de la belleza*, Barcelona: Emecé Editores, 1991.

WOLLSTONECRAFT, Mary. *Vindicación de los derechos de la mujer*, trad. de Carmen Martínez Gimeno. Madrid: Cátedra. Col. Feminismos, 2000.

__________. *Maria or the wrongs of woman.* New York: Norton &Company, 1994.

WOOLF, Virginia. *Um teto todo seu.* Rio de Janeiro: Ed. Nova Fronteira, 1986.

Sobre a autora

Carla Cristina Garcia é mestre e doutora em Ciências Sociais – Antropologia – pela Pontifícia Universidade Católica (PUC) de São Paulo e pós-doutorada pelo Instituto José Maria Mora (México, DF). É professora titular da Universidade Municipal de São Caetano do Sul e professora assistente doutor da PUC de São Paulo. É autora dos livros *Ovelhas na névoa – um estudo sobre mulheres e a loucura* (Ed. Rosa dos Tempos/Record), *Produzindo monografia* (Ed. Limiar) e *As outras vozes: memórias Femininas em São Caetano do Sul* (Ed. Hucitec). *Sociologia da acessibilidade* (IESD), *Hambre del alma. Escritoras e o Banquete de palavras* (Ed. Limiar).

Impresso por :

gráfica e editora

Tel.:11 2769-9056